Wie Du für inneres Wachstum und Seelenentfaltung MEDITIEREN kannst

Wie Du

für inneres Wachstum

und Seelenentfaltung

MEDITIEREN

kannst

ROY EUGENE DAVIS

Verlag Marco Del Nero, Postfach 1471, D-6350 Bad Nauheim 1

Titel der Originalausgabe:
Easy Guide to Meditation

Übersetzt von Marco Del Nero

Druck: luwei druck, D-6308 Butzbach

ISBN 3-927353-00-0

Gewidmet Dir,
der dieses Buch liest
und meditieren übt.

Mögest Du eins werden mit Gott
und die Erfüllung Deiner Bestimmung erleben.

INHALT

Roy Eugene Davis begann sein spirituelles Training im Jahre 1950, als er seinen spirituellen Lehrer, Paramahansa Yogananda, in Los Angeles, Kalifornien, traf. Roy E. Davis ist spiritueller Leiter des „Center for Spiritual Awareness“ (dt.: Zentrum für spirituelles Gewahrsein), Autor zahlreicher Bücher, die in mehreren Sprachen erschienen sind, und ein Lehrer, der in viele Länder der Erde reist, um dort Vorträge zu halten.

Hauptsächlich führen ihn seine Vorträge in größere Städte der Vereinigten Staaten, nach Kanada, Japan, Brasilien, England, Europa und Westafrika. Regelmäßig bietet er Meditationsseminare und Gelegenheiten gemeinsamer Besinnung im Hauptsitz des „Center for Spiritual Awareness“ an, welcher sich an einem still gelegenen Ort am Rande von Lakemont, inmitten der bewaldeten Höhen des Nordostens von Georgia, U.S.A., befindet.

VORWORT

Durch meine Vortragsreisen und Seminare treffe ich in aller Welt Tausende von Männern und Frauen, die ein gemeinsames Ideal haben: Die Erfahrung innerer Umwandlung und des inneren Erwachens zu einem umfassenderen Verständnis ihrer Rolle im Universum. Unter der Vielfalt der angebotenen Themen findet Meditation den größten Anklang. Aufgrund unseres Bedürfnisses, unser angeborenes (inneres) Potential in größerem Maße zu verwirklichen, ist dies ganz natürlich. Wenn wir auf der Ebene unseres Herzens und unserer Seele miteinander umgehen, gibt es keine religiösen oder kulturellen Barrieren.

Ich habe die Behandlung des Themas einfach gehalten. Die Wahrheit über den Prozeß des Lebens ist leicht zu verstehen, wenn wir so gereift sind, daß wir unsere Welt ohne Fehler in der Wahrnehmung betrachten können. Haben wir unsere inneren Konflikte erst einmal gelöst, leben wir auf natürliche Weise und von innen heraus im Einklang mit den Zyklen der Natur.

Im aufkommenden Neuen Zeitalter sind der Öffentlichkeit eine wachsende Zahl an Büchern angeboten worden, die sich mit Meditation und ihren verschiedenen Gesichtspunkten beschäftigen. Fast alle dieser Bücher haben ihren Zweck erfüllt, Menschen über den möglichen Nutzen des Meditierens aufzuklären und sie zu persönlicher Anwendung und Erfahrung zu ermutigen.

Dieses Buch enthält alles, was Du brauchst, um in der Meditation geübt zu werden. Erforderlich ist bloß, daß Du das Verfahren so anwendest, wie es beschrieben ist, und es regelmäßig und mit Hingabe praktizierst. Aus persönlicher Erfahrung, die auf eine fast vier Jahrzehnte lange Praxis der Meditation zurückgeht, und aufgrund der

Aussagen vieler Meditierender, die ich kenne, kann ich versichern, daß durch diesen Weg zu Wohlergehen und Selbstentdeckung positive Ergebnisse gesichert sind — wenn Du ihm auf disziplinierte und hingebungsvolle Weise folgst.

Ich wünsche jedem Leser Erfolg bei der Ausübung der Meditation und das Höchste und Beste, was das Leben zur Anerkennung und Annahme bereitgestellt hat. Was für einen Menschen verfügbar ist, ist für alle verfügbar. Daß dies so ist, wird im Laufe des Übens erkannt werden.

ROY EUGENE DAVIS

Lakemont, Georgia,
20. Nov. 1987

Ich grüße den höchsten Lehrer, die Wahrheit,
deren Wesen Freude ist,
Spenderin höchster Glückseligkeit und reine Weisheit,
jenseits aller Eigenschaften
und unendlich wie der Himmel,
jenseits aller Worte,
eins und ewig, rein und still,
jenseits aller Veränderungen
und Erscheinungen,
schweigende Zeugin
all unserer Gedanken und Gefühle —
ich grüße die Wahrheit, den höchsten Lehrer.

Alte vedische Hymne

ANLEITUNG

Wie Du
für inneres Wachstum
und Seelenentfaltung
meditieren kannst

Die Bürde des Geheimnisses,
die große und schwere Last
dieser unverständlichen Welt
erleichtert sich
im ruhigen und gesegneten Zustand,
in dem die Liebe
uns sanft weiterleitet,
bis wir, mit fast zum Stillstand gekommenem Atem
und Fließen des Blutes dieser körperlichen Hülle,
unserem Körper entschlafen
und in unserer Seele wiederauferstehen.
Mit unserem Auge,
still geworden
durch die tiefe Kraft der Harmonie und der Freude,
erkennen wir das wahre Wesen aller Dinge.

William Wordsworth (1770 — 1850)

I

Meditation und die positiven Wirkungen

In unserer rasch erwachenden Welt werden die Bewohner unseres Planeten mehr und mehr dazu herausgefordert, mit Umständen ins Reine zu kommen und für ihr Leben mehr Verantwortung zu übernehmen. Deshalb ist es ganz natürlich, daß Hunderttausende von Menschen sich der Meditation zuwenden, um inneren Frieden zu erlangen und um zu lernen, ihr angeborenes Potential zu verwirklichen. Wenn wir die gegenwärtige Entwicklung beobachten, können wir mit Sicherheit davon ausgehen, daß in den kommenden Jahren noch viel mehr Millionen Menschen meditieren werden.

Männer, Frauen und Kinder aus allen Lebensbereichen meditieren heutzutage. Meditation muß also irgendeinen Wert haben — und dies ist tatsächlich so — denn wir halten nicht an Verfahrensweisen fest, aus denen wir keinen Nutzen ziehen.

Wenn Du bisher noch nicht meditiert hast, wirst Du nach dem Lesen der ersten Kapitel dieses Buches in der Lage sein, richtig zu meditieren. Wenn Du vorher bereits regelmäßig meditiert hast, wirst Du Deine Meditationserfahrungen vertiefen und bereichern können. Und falls Du in der Praxis der Meditation schon fortgeschritten bist, wirst Du Dich ermutigt fühlen, einen fast unbegrenzten Bereich des Bewußtseins zu erforschen und eine beträchtliche Steigerung Deiner Fähigkeiten zu erleben.

Ich möchte von Anfang an klarstellen, daß Meditation, wie sie hier gelehrt wird, nichts mit Selbsthypnose, Autosuggestion oder Methoden zur Umprogrammierung des Gemüts zu tun hat.

Meditation ist ein Vorgang, der uns befähigt, tiefe und bewußte Entspannung, gefühlsmäßige Ruhe und den klaren Gewahrseinszustand zu erfahren, den man Überbewußtsein nennt. Dieser klare Zustand des Gewahrseins unterscheidet sich vom gewöhnlichen Wachzustand genauso, wie sich eben dieser Wachzustand vom Schlaf unterscheidet. Überbewußtsein ist der natürliche Zustand, in dem das Gewahrsein nicht mit Gedankenvorgängen, Gefühlen und Sinneswahrnehmungen verwickelt ist.

Während des gewöhnlichen Schlafzustandes sind wir entweder unbewußt, weil unser Gewahrsein von Gedankenvorgängen und Sinneswahrnehmungen abgezogen ist, oder wir träumen, weil gedankliche und gefühlsmäßige Aktivität vorhanden ist. Während des gewöhnlichen Wachzustandes stehen wir oftmals unter dem Einfluß von Drängen und Neigungen, die im Unbewußten verwurzelt sind; oder wir nehmen unsere Welt durch die Brille unserer bedingten Einstellungen und Anschauungen wahr.

Wenn wir im Überbewußtsein ruhen, der Gipfelerfahrung in der Meditation, erfahren wir nichts als klares Gewahrsein. Während dieser Phase der Meditation durchdringen feinste Einwirkungen den mentalen Bereich und beeinflussen das Nervensystem und die Körperorgane auf konstruktive Weise. Außerdem können wir aus diesem überbewußten Zustand unsere Gedanken, Gefühle und unsere Welt objektiv und mit wahrem Unterscheidungsvermögen untersuchen und dadurch klarer die Wahrheit über das gerade Untersuchte erkennen. Aufgrund fehlerfreier Wahrnehmung können wir dann vollkommen ehrlich mit uns selbst und vollkommen ehrlich in unseren Beziehungen sein — also mit unseren Gedanken, Gefühlen, mit anderen Menschen und Umständen in unserer Umgebung und mit der Welt in ihrer Gesamtheit.

Wir meditieren also nicht, um anstehenden Problemen oder den Anforderungen unserer Verantwortlichkeiten zu entfliehen. Im Gegenteil, regelmäßiges Meditieren befähigt uns, schöpferischer und erfolgreicher zu sein, so daß wir unsere Vorhaben im Leben, welche diese auch sein mögen, leichter und genauer ausführen können.

Die positiven Wirkungen regelmäßiger Meditation

Der Gewinn durch Meditation wird schon seit langem durch jene gepriesen, die Meditation praktizieren, jedoch sind erst kürzlich freiwillig Meditierende unter kontrollierten Umständen eingehend untersucht worden. Die Ergebnisse werden nun augenscheinlich, und es gibt viele Beweise, daß während des Meditationserlebnisses etwas Einzigartiges geschieht. Ich möchte an dieser Stelle einige Ergebnisse beschreiben, zu denen jene Forscher gekommen sind, die die Auswirkungen regelmäßigen Meditierens beobachtet und ihre Feststellungen veröffentlicht haben.

1. Tiefe, bewußte Entspannung — Durch Beobachtung der Gehirnströme und anderer physiologischer Zustände ist nun bekannt, daß Meditation es ermöglicht, bewußte Entspannung zu erleben, die vollkommener ist als jene während des gewöhnlichen Schlafzustandes. Wir können vollständige Ruhe erfahren und dabei „wach" sein, das heißt, wir sind dabei völlig bewußt.

2. Abbau von Streß — Aufgrund tiefer Entspannung, Verlangsamung der Atemfrequenz und der Tätigkeit innerer Organe beruhigen sich die Gefühle, und die Gedankenvorgänge verfeinern sich. Untersuchungen der Blutproben von Meditierenden ergaben einen verminderten Säuregehalt im Blut, was auf den Abbau von Streß im Körper hinweist. Über die schädlichen Auswirkungen durch zu große Anspannung ist bereits sehr viel berichtet worden; zu den schwerwiegenderen zählen hoher Blutdruck, Migräne und Störung der normalen Funktion der Drüsen und Organe. Viele Meditierende, die unter hohem Blutdruck litten, konnten ihren Blutdruck auf einen normalen Wert senken, indem sie regelmäßig nur zur Entspannung meditierten.

3. Verbesserte Konzentration — Der mühelose Fluß der Aufmerksamkeit auf ein gegebenes Objekt heißt Konzentration. Während der Meditation wird unsere Aufmerksamkeit auf natürliche Weise nach innen gezogen, ohne daß uns Gedanken oder Gefühlswellen stören. Nach der Meditation finden wir es dann einfacher, uns auf Projekte und Beziehungen zu konzentrieren und sind auf diese Weise schöpferischer und arbeiten besser. Außerdem befähigt uns das bewußte Anwenden der Konzentration im wachen Zustand, erfolgreicher zu meditieren.

4. Geregelte Gedankenabläufe — Wenn während der Meditation überbewußte Einflüsse vorherrschen, ordnen sich die Ströme der Gedanken automatisch. Der Wirrwarr widerstreitender Gedankenströme, die durch Gefühle genährt werden, hört auf. Durch das entspannte Gewahrsein, das wir erleben, neigen die Gedankenströme nach der Meditation dazu, sich zu harmonisieren, und die Wechselwirkung zwischen linker und rechter Gehirnhälfte ist ausgeglichener.

5. Stärkung der körpereigenen Abwehr (Immunsystem) — Streß, Verwirrung, Verzweiflung, Besorgnis, Angst, Sichverlassenfühlen — all dies trägt zur Schwächung der körpereigenen Abwehr (dem Schutzapparat des Körpers gegen Krankheit und Verfall) bei. Bewußte Entspannung und überbewußtes Erleben dagegen sind der Stärkung des Immunsystems zuträglich. Nach der Meditation übt ferner das Pflegen von Optimismus, Hoffnung, Vertrauen und Gefühlen der Liebe einen heilsamen und erhaltenden Einfluß auf das Immunsystem aus.

6. Verlangsamung des Alterungsprozesses — Untersuchungen zeigen, daß bei regelmäßig Meditierenden die Anzeichen des Alterungsvorganges deutlich weniger ausgeprägt sind als bei nichtmeditierenden Menschen. Auffällig dabei sind größere Stabilität im mentalen und gefühlsmäßigen Bereich, minimales Vorhandensein von Streß und ein gestärkteres Immunsystem.

7. Verbesserung der Lebensqualität — In Raum und Zeit bloß zu existieren oder mit einer scheinbar niemals endenden Reihe von Herausforderungen fertigwerden zu müssen, ist nicht der wahre Sinn des Lebens. Aufgrund allgemeiner Verbesserungen im mentalen, emotionalen und körperlichen Bereich und aufgrund eines verbesserten Selbstwertgefühls neigen Meditierende dazu, sich am Leben mehr zu erfreuen, gesündere und förderlichere Beziehungen zu genießen und in ihrem Leben Sinn und Ziel zu sehen.

8. Steigerung der Intelligenz — Unsere Fähigkeit zu unterscheiden, richtige Schlüsse zu ziehen und ohne Fehler wahrzunehmen, ist ein Anzeichen für Intelligenz. Wenn unsere Gedanken und Gefühle verworren sind, wenn wir selbstzerstörerische Haltungen beibehalten, ist die Fähigkeit, unsere angeborene Intelligenz einzusetzen, beeinträchtigt. Überbewußte Einflüsse, die während und nach der Meditation auf uns einwirken, führen zu gesteigertem Gewahrsein und zur Harmonisierung von Gedanken und Gefühlen. Selbstzerstörerische Haltungen lösen sich auf. Die Folge davon ist, daß die meisten Meditierenden eine Steigerung ihrer geistigen Fähigkeiten erfahren.

9. Erwachte Intuition — Intuition ist unsere angeborene Fähigkeit zu wissen, indem wir wissen. Es ist die Fähigkeit, die Wahrheit über das, was wir gerade untersuchen, direkt wahrzunehmen. Wenn wir ein Aufblitzen von Einsicht, wenn wir inneres Wissen erfahren, ist dies Intuition. Durch die Anwendung von Intelligenz und Intuition ist es möglich, die innere Seite der Natur zu erkennen, beziehungsweise die Wirklichkeit subjektiv auf einer feineren und tieferen Ebene zu erfahren als durch Sinneswahrnehmung allein.

10. Größere Selbstgenügsamkeit und Freiheit zu entscheiden — Durch unsere Fähigkeit, während der Meditation in der Stille zu ruhen und „Selbstvollständigkeit" zu erfahren, entdecken wir, daß wir nicht länger in dem Maße von äußeren Dingen abhängig sind, wie wir es zuvor waren. Damit erlebt sich der Meditierende als ein selbstgenügsamer und selbstverläßlicher Mensch und kann daher leichter weise Entscheidungen darüber treffen, wie er sein Leben führen und wie er seine Zeit, Energie und seine Talente einsetzen möchte. Viele Menschen konnten durch regelmäßiges Meditieren sehr wichtige Entscheidungen treffen, wie zum Beispiel die Entscheidung, Heilung zu erfahren und ein produktives Leben zu führen, anstatt die Rolle des Opfers zu spielen und sich von Krankheiten oder anderen Umständen überrollen zu lassen.

11. Ausgeprägte Kreativität — Ein gesunder Mensch neigt von Natur aus dazu, Probleme zu lösen und Ziele zu erreichen. Mit der Beseitigung innerer einschränkender Muster und Zustände beobachten Meditierende eine Zunahme ihrer schöpferischen Fähigkeiten. Sie fließen leichter mit den Zyklen des Lebens und erfüllen nützliche Zwecke relativ mühelos.

12. Zunahme an spirituellem Gewahrsein — Durch richtige Ausübung der Meditation wird der Meditierende fähig, sein wahres Wesen als reines Bewußtsein zu erfahren; dabei ist er nicht auf Gedankentätigkeit, Gefühle oder Beziehungen angewiesen, die er seinem Sein hinzufügen müßte. Leicht akzeptiert er die Tatsache, daß er eine Einheit von Gewahrsein ist, und er ist imstande, die inneren Lehren von Philosophen und Sehern besser zu verstehen. Ist der Meditierende religiös, wird er bemerken, daß er spirituelle Unterweisung in höherem Maße schätzt und daß sich sein inneres Verstehen rasch vergrößert. Auf natürliche Weise entfaltet sich ein ausgeprägteres Bewußtsein der Einheit, ein Gefühl der Harmonie mit dem Universum.

13. Freisein von Abhängigkeiten und Süchten jeglicher Art — Der zu Abhängigkeit und Sucht neigende Mensch hat emotionale Bedürfnisse (Gefühle des Mangels), die er durch die Einnahme von Substanzen, durch Aufrechterhalten bestimmter, oftmals schädlicher oder zerstörerischer Beziehungen oder Verhaltensweisen zu befriedigen versucht. Selbst wenn die eingenommenen Substanzen und aufrechterhaltenen Beziehungen und Verhaltensweisen keine unmittelbare Bedrohung für die Gesundheit darstellen, haben sie immer noch eine Verminderung der Kreativität zur Folge und halten einen Menschen davon ab, einen größeren Bereich von Möglichkeiten im Leben zu ergründen. Die Symptome einer Neigung zu Abhängigkeit oder Sucht sind verschieden: Sie äußern sich in übermäßigem oder ungenügendem Essen, unvernünftigem Gebrauch von Alkohol oder anderen chemischen Substanzen, dem Aufrechterhalten nicht nützlicher Beziehungen, vielerlei selbstzerstörerischer Verhaltensweisen und so weiter. Das wahre Problem ist niemals „da draußen"; für einen Menschen, der zu Abhängigkeiten und Süchten neigt, ist es wichtig einzusehen, daß er kein Opfer ist. Jeder Mensch hat die Freiheit zu wählen.

Nach regelmäßigem tiefen Meditieren finden viele Menschen, daß sie imstande sind, sich für vernünftiges Verhalten zu entscheiden und unvernünftige Verhaltensweisen aufzugeben, ohne quälende Entzugserscheinungen durchzumachen oder sich teuren und zeitraubenden Entwöhnungstherapien zu unterziehen. Sollten wir uns trotzdem für ein solches Programm entscheiden, das uns praktisch und pädagogisch unterstützt, werden wir viel größere Fortschritte machen, wenn wir richtig meditieren und bereit sind, Verantwortung für unsere Entscheidungen zu übernehmen.

Wer sollte meditieren und warum?

Jeder gesund denkende Mensch sollte meditieren. Es gibt viele Methoden der Ausübung von Meditation, wobei die Endergebnisse immer die gleichen sind, wenn wir das Meditieren konsequent praktizieren.

Viele Menschen machen die Erfahrung spontanen Meditierens und mögen sich dabei des Vorganges nicht einmal bewußt sein. Wenn wir innerlich still sind, wenn wir uns von unseren Sinnen für eine Weile zurückgezogen haben und dabei innere Ruhe und Klarheit erfahren, befinden wir uns in einem meditativen Zustand. Wenn wir gerade das Alleinsein und das innere Stillsein genießen, befinden wir uns in einer meditativen Stimmung. Solche Momente sind erquickend, weil sie uns Gelegenheit geben, uns von äußeren und inneren Ablenkungen zurückzuziehen und Frieden zu erfahren. Zu solchen Zeiten fühlen wir uns oft erneuert und gestärkt, denken klarer und können unseren Pflichten und Beziehungen besser nachkommen. Oft erfahren wir dann auch Einsichten bezüglich drängender Probleme, Antworten auf Fragen, die wir uns gestellt haben, und wegbereitende Durchbrüche in der Arbeit oder künstlerischen Vorhaben.

Beobachtung von Meditierenden, und dies belegen auch deren persönliche Aussagen, zeigt auf, daß sie in vielen Lebensbereichen mehr vollbringen. Kinder und Schüler lernen leichter und kommen mit Erwachsenen und Gleichaltrigen besser aus, nachdem sie einige

Wochen lang regelmäßig meditiert haben. Sportler leisten mehr, Verkäufer steigern ihre Dienstleistungen, Angestellte arbeiten besser — kurz, in welchem Beruf oder an welcher Stelle im Leben ein Mensch auch stehen mag, stets wird er Besserung erfahren.

Gerechterweise muß auch gesagt werden, daß es einige Meditierende gibt, die in allgemeinen Angelegenheiten des Lebens und im Beruf nicht besonders erfolgreich sind. Dies läßt sich jedoch im allgemeinen auf die Tatsache zurückführen, daß diese Menschen im Leben nicht zielorientiert sind. Deshalb ist es von wesentlicher Bedeutung, zielorientiert zu sein, wenn wir Gewinn auf allen Ebenen erwarten. Damit werden wir uns aber später noch beschäftigen.

Nicht empfehlenswert ist Meditation für sehr neurotische Menschen oder für Menschen, bei denen eine Psychose festgestellt wurde. Für solche Menschen ist es besser, mit einer entsprechenden Therapie zu beginnen, die ihnen zu normalem Handeln verhilft. Oftmals ist hier eine Gesprächstherapie sinnvoll, durch die der Betroffene das Bild, das er von sich selbst hat, überprüfen kann. Er kann dann ermutigt werden, ein verantwortliches und nützliches Mitglied in der Gesellschaft zu werden. Vor diesem Zeitpunkt jedoch wird ihm die Meditation wahrscheinlich nur noch mehr Gelegenheit geben, in einer Phantasiewelt zu leben und vor dem Leben zurückzuweichen.

Meditation ist bei Menschen, die körperlich krank sind und wieder gesund werden möchten, in vielen Fällen als nützlich erkannt worden. Wenn wir richtig meditieren, wird aufgrund der engen Beziehung zwischen Bewußtseins-, mentalen und emotionalen Zuständen und der Funktion des Körpers dessen Heilungsmechanismus angeregt, besonders wenn wir uns Gesundheit, Funktionstüchtigkeit und die Möglichkeit schöpferischen Ausdrucks bildhaft vorstellen. Es gibt reichlich Literatur, die die Tatsache untermauert, daß viele der häufigeren und selbst viele der ernsteren Leiden, mit denen der Mensch sich plagt, vermieden und sogar beseitigt werden können, wenn der Betroffene bereit ist, Verantwortung für sein Leben zu übernehmen und hilfreiche Verfahrensweisen zu erlernen.

Fürchte Dich nicht davor, zu meditieren. Es ist ein einfacher und wohltuender Vorgang. Ohne persönliche Erfahrung brauchst Du nicht blindlings zu glauben. Probiere einfach nur aus, in ein Programm täglicher Meditation einzutreten und führe dies einige Wochen lang durch. Dann sieh, wie Du Dich fühlst und wie funktionstüchtig Du bist und vergleiche dies mit dem Zustand, in dem Du Dich befandest, bevor Du begannst, regelmäßig zu meditieren. Den Beweis wirst Du in Deiner verbesserten Einstellung gegenüber dem Leben und Deiner gestärkten Gesundheit und Funktionstüchtigkeit finden.

Der Yogi soll ständig bemüht sein, seine Aufmerksamkeit auf die höchste Wirklichkeit zu richten, dabei in Einsamkeit und allein, selbstbeherrscht, frei von Begierden und Verlangen nach Besitz oder Sinneserfahrung. Nachdem er seinen Körper in eine feste, bequeme Haltung gebracht hat, soll er sein Gemüt auf einen Punkt ausrichten und reine Kontemplation üben, dabei Gedanken und Sinne kontrollierend, um innere Reinheit zu erlangen. Körper, Hals und Kopf dabei ruhig und aufrecht haltend, die Aufmerksamkeit auf das spirituelle Auge gerichtet (auf die Stelle zwischen den Augenbrauen), ohne die Augen umherwandern zu lassen, gelassen und furchtlos, festgegründet in seinem Vorsatz der Selbsbeherrschung, mit bezähmtem Gemüt, soll er dasitzen und die Aufmerksamkeit zum transzendentalen Bereich, der einzigen Wirklichkeit, fließen lassen. Der hingebungsvolle Mensch mit beherrschtem Gemüt, der innerlich immer ausgeglichen ist, erlangt Frieden, die höchste Erkenntnis.

Bhagavad Gita 6, 10 — 15

II

Wie wir richtig meditieren

Wenn Du vorher noch nicht meditiert hast, halte Dich genau an die Anweisungen und übe anschließend, nachdem Du dieses Kapitel gelesen hast. Auf diese Weise wirst Du leichter verstehen, was im Rest dieses Buches erklärt wird.

Wähle eine Zeit und einen ruhigen Ort für die Meditation

Wähle im Rahmen Deines gewöhnlichen Tagesablaufs eine passende Zeit für tägliches Üben. Dies kann frühmorgens sein, bevor Dein Tag beginnt, am Abend, wenn es sich gut einrichten läßt, oder sowohl morgens als auch abends. Nimm Dir mindestens dreißig Minuten Zeit für die Sitzung.

Frühmorgens ist eine gute Zeit, weil sich Deine Gedanken dann noch nicht mit anderen Dingen beschäftigen. Der Abend ist aber ebenfalls günstig, da dann die Ereignisse des Tages bereits vorüber sind. Außerdem trägt die Meditation zu dieser Zeit wesentlich dazu bei, Streß (Anspannung), den wir im Laufe des Tages angesammelt haben, abzubauen. Empfehlenswert sind zwei Sitzungen am Tag, einmal täglich sollten wir jedoch mindestens üben.

Um tiefe Entspannung zu gewährleisten, ist es am besten, nicht nach Mahlzeiten zu meditieren, da der Verdauungsvorgang ein vollkommenes Ruhigwerden des Körpers nicht zuläßt.

Wähle einen ruhigen Ort, an dem Du unter keinen Umständen gestört wirst, denn Du möchtest ja dem Meditationsvorgang Deine ungeteilte Aufmerksamkeit widmen. Der Ort könnte zum Beispiel das Schlafzimmer oder irgendein anderer Raum sein, wo Du allein sein kannst.

Genauso wie regelmäßige Schlaf-, Eß- und Arbeitsgewohnheiten unserer Funktionstüchtigkeit zuträglich sind, so tragen regelmäßige Meditationsabläufe zum Erfolg in der Meditation bei.

Wie Du üben mußt

Lockere alle engen Kleidungsstücke, damit Du Dich vollkommen entspannen kannst. Setze Dich aufrecht auf einen bequemen Stuhl, bringe den Körper in eine Gleichgewichtshaltung und halte den Kopf gerade. Die ideale Meditationshaltung ist die, in der Du für die Dauer der Meditation sitzen kannst, ohne den Körper dabei unnötig bewegen zu müssen.

Schließe die Augen und werde einige Augenblicke lang ruhig. Atme einige Male ziemlich tief ein und aus, ohne jedoch zu übertreiben. Laß sich dann die Atemtätigkeit von alleine einpendeln, ohne dabei zu versuchen, sie zu kontrollieren.

Dein innerer Blick kann auf den Punkt zwischen den Augenbrauen gerichtet sein, so, als würdest Du durch diesen Punkt hindurch in die Ferne blicken. Wähle einen Punkt im fernen *inneren Raum* und betrachte ihn, ohne Dich dabei anzustrengen. Gleichbleibendes, ruhiges Betrachten trägt zu Konzentration bei, die auf einen einzigen Punkt gerichtet ist.

Tritt leicht und auf natürliche Weise in den Prozeß ein, ohne Anstrengung und ohne Dich um raschen Erfolg zu sorgen.

Fühle beim Einatmen, wie die Luft durch die Nasenlöcher einströmt. Atme mit Hilfe des Zwerchfells (Bauchatmung), denn dies ist die natürliche und entspannte Art zu atmen. Wenn der Atem ausströmt, fühle, daß Du Dich im Raum auflöst. Stelle Dir dies nicht bildlich vor, sondern *fühle* einfach nur, *daß* es geschieht. Laß das Gefühl des Ego und der Persönlichkeit sich auflösen (mit „lassen" meine ich *zulassen),* bleibe dabei aber innerlich gewahr. Nun bist Du sowohl der Teilnehmer als auch der Beobachter des Prozesses.

Du brauchst während der Meditation nicht auf die Uhr zu sehen. Wenn Du vorher beschließt, fünfundzwanzig Minuten zu meditieren, wirst Du nach Ablauf dieser Zeit von selbst aus der Meditation kommen.

Sollte Deine Aufmerksamkeit während des Meditierens umherschweifen, bringe sie sanft zum Vorgang zurück. Sei geduldig mit Dir und gib Dir Zeit, um Deine Aufmerksamkeit zu schulen. Wenn Gedanken aufkommen, bleibe unbeteiligt, das heißt mühe Dich nicht damit ab, sie zu unterdrücken. Gehe einfach nur zu Deiner Übung zurück. Der Schlüssel zum Erfolg liegt im Nichtbemühen. Erforderlich ist bloß sanfte Aufmerksamkeit. Mit der Zeit wirst Du Fertigkeit erlangen, habe hierüber keine Bedenken.

Bleibe nach Beendigung der Meditation noch für einige Minuten sitzen und fühle Dich zufrieden, entspannt und gelassen. Laß die meditative Ruhe Dein Gemüt und Deinen Körper durchdringen. Fühle, daß Du innerlich und mit Deiner Welt in Harmonie bist und daß Du Deinen richtigen Platz im Schauspiel des Lebens einnimmst. Fühle, daß die Natur Dich unterstützt und daß Du den Kräften der Natur und allen Lebewesen wohlwollend gegenüberstehst.

Laß nun Deine Aufmerksamkeit wieder zu Deiner Umgebung fließen und erledige Deine Pflichten bewußt und mit Entschlossenheit.

Üben mit Hilfe eines gewählten Wortes oder kurzen Satzes

Solltest Du das Bedürfnis haben, eine speziellere Meditationstechnik anzuwenden, um Deine Konzentration zu unterstützen und tiefer in den Prozeß einzutreten, dann übe mit einem Wort oder kurzen Satz Deiner Wahl. Synchronisiere dieses Wort oder diesen Satz mit der Atemtätigkeit.

Das Wort oder der Satz sollte dem Gemüt „angenehm“ sein und sich gut anwenden lassen. Bist Du religiös oder sogar sehr andächtig, dann übe mit dem Wort „Gott“. Ob Du Christ, Buddhist, Moslem oder Hindu bist oder einer anderen Glaubensrichtung angehörst, wähle ein heiliges Wort und übe damit.

Nachdem Du Dich genauso hingesetzt hast, wie es im vorher erklärten Meditationsvorgang beschrieben ist, fließe mit der Einatmung und lasse dann beim Ausatmen (wenn sich die Ausatmung „ereignet“) das Wort Deiner Wahl in Deinem Gemüt *erklingen*. Damit meine ich,

Du sollst auf das Wort in Deinem Gemüt „hören", anstatt es mental aufzusagen. Dieser innere mentale Laut wird Deine Aufmerksamkeit anziehen und Dir helfen, die Konzentration leichter aufrechtzuerhalten.

Während sich schließlich Deine Aufmerksamkeit mehr verinnerlicht, wird das bewußte Hören auf das Wort allmählich der Erfahrung klaren Gewahrseins und tiefen Friedens weichen. Solltest Du vorzeitig aus dem Zustand klaren Gewahrseins herauskommen, dann beginne einfach wieder damit, auf das Wort zu hören, indem Du es im Gemüt bei jeder Ausatmung *erklingen* läßt. Fahre so lange damit fort, bis Du den Zustand klaren Gewahrseins erneut erfährst.

Diese Meditationstechnik heißt *Mantra*-Meditation. Im Sanskrit bedeutet *man* „Gemüt" oder „denkende Natur", *tra* bedeutet „darüber hinausbringen". Ein Mantra ist ein Laut, der in den Meditationsvorgang eingeführt wird, um die Aufmerksamkeit anzuziehen und sie von der Beschäftigung mit mentalen Vorgängen wegzuführen. Dies hat nichts mit Zauberei zu tun. Wenn unsere Aufmerksamkeit während der Meditation von angenehmen Lauten angezogen wird, beachten wir mentale Vorgänge nicht länger. Und wenn wir diese nicht länger beachten, neigen sie dazu, einzuschlafen.

Wir können auch einen kurzen Satz wählen und diesen als Mantra benutzen. Zum Beispiel können wir beim Einatmen auf „Gott ist mein Leben" und beim Ausatmen auf „Gott lebt durch mich" hören. Oder, jeweils wieder mit der Ein- und Ausatmung synchronisiert, „Ich bin eine Welle...auf dem Ozean des Lebens", oder „Ich bin offen...für das unendliche Gute". Du kannst mit demjenigen Satz üben, mit dem Du Dich wohlfühlst.

Vergiß nicht, daß solch ein Üben mit einem Satz in der Meditation nicht den Zweck hat, das Gemüt zu programmieren. Der Satz dient lediglich dazu, unsere Aufmerksamkeit anzuziehen, damit wir noch tiefer in die Stille fließen können, in Richtung des Bereiches reinen Gewahrseins.

Wenn Du ein Mantra aus dem Sanskrit benutzen möchtest, dann benutze *Hong-Sau* (gesprochen: Hong-Soh). Lasse dabei die erste Silbe beim Einatmen und die zweite Silbe beim Ausatmen im Gemüt erklingen. Oder übe mit *So-Ham* in der gleichen Weise.

Während Du Dich mehr und mehr entspannst, fließe tiefer in das spirituelle Auge (dem Punkt zwischen den Augenbrauen) und lasse zu, in überbewußte Ebenen gezogen zu werden.

Richtlinien für erfolgreiches Üben

Zum Meditieren ist eine aufrechte Sitzhaltung zu empfehlen, da diese Körperhaltung zu unserer Wachheit beiträgt. Es ist vollkommen in Ordnung, eine Sitzhaltung mit gekreuzten Beinen einzunehmen, wenn wir dies wünschen. Nicht empfehlenswert ist jedoch, sich hinzulegen, denn wir sind daran gewöhnt, in dieser Position zu schlafen. Beginnende Meditierende werden deshalb, wenn sie sich zum Meditieren hinlegen, wahrscheinlich einschlafen, nachdem sie einen bestimmten Grad der Entspannung erreicht haben.

Möglicherweise neigst Du sogar in einer aufrechten Sitzhaltung dazu einzuschlafen, wenn Du nicht ausgeruht bist oder es versäumst, Deine Aufmerksamkeit aufwärts und nach innen fließen zu lassen. Ferner werden einige Menschen, die sich hypnotisieren ließen, ebenfalls dazu neigen, in einen schlafähnlichen Zustand zu fallen, wenn sie meditieren. Dies kann jedoch vermieden werden, wenn wir unsere Aufmerksamkeit auf den Meditationsvorgang gerichtet halten.

Weitere Hindernisse für unsere Konzentration können sein: Die Neigung, sich mit Erinnerungen zu beschäftigen; die Neigung, über gegenwärtige oder zukünftige Umstände nachzudenken; unnötiges Bewegen des Körpers. Sei fest entschlossen, während der Meditation ruhig zu sitzen, und alle Hindernisse werden bald überwunden sein.

Meditation ist für jeden geeignet, sowohl für religiöse Menschen als auch für Menschen, die zur Zeit nicht religiös ausgerichtet sind. Menschen aller Kulturen können meditieren, da die Beziehung zwischen

Seele, Gemüt und Körper bei uns allen die gleiche ist. Diese Verfahrensweisen werden sich für Dich als nützlich und wirkungsvoll herausstellen, ungeachtet Deiner Vergangenheit, Deiner Nationalität oder Deiner Art zu leben.

Wenn möglich, meditiere nun mit Hilfe der gemachten Vorschläge, bevor Du zum nächsten Kapitel weitergehst.

DEIN PERSÖNLICHER MEDITATIONSPLAN

Lege jetzt einen täglichen Meditationsplan fest, der Deinen persönlichen Bedürfnissen am besten entspricht. Entschließe Dich fest, richtig zu meditieren und Dich dem Prozeß hinzugeben. Wenn Du ein neu Meditierender bist, plane ein- bis zweimal am Tag mindestens dreißig Minuten ein. Wenn Du schon fortgeschritten bist, lege einen Plan fest, der Deinen Bedürfnissen und Bestrebungen angemessen ist. Wenn dies für Dich erforderlich ist, stehe morgens früher auf und erfreue Dich dieser ruhigen Zeit, in der Du mit Gott allein bist.

Zeit:

Verfahrensweisen oder Technik(en):

Notizen:

Notizen:

Mehr als einmal, wenn ich alleine saß
und in mir über das Wort,
welches das Sinnbild meiner Existenz ist,
nachdachte,
löste sich die vergängliche Begrenzung
meines Ichs und
ging über in das Namenlose, wie eine Wolke,
die sich am Himmel auflöst.
Ich berührte die Glieder meines Körpers,
und sie waren seltsam,
als gehörten sie nicht zu mir —
und trotzdem kein Gefühl des Zweifels,
nur völlige Klarheit,
und durch den Verlust des begrenzten Selbst
kommt das Erlangen solch unermeßlichen Lebens,
welches mit dem unseren so verbunden ist
wie die Sonne mit dem Funken —
durch Worte nicht zu beschatten, die selbst
nur Schatten einer Schattenwelt sind.

Lord Alfred Tennyson (1809 — 1892)

III

Was geschieht während der Meditation?

Erinnern wir uns, daß wir im Mittelpunkt unseres Seins bereits strahlend und vollkommen sind. Meditation gibt uns Gelegenheit, ein ideales Umfeld zu schaffen, in dem sich unser mentaler Bereich klären kann und wir unsere angeborene Vollkommenheit erfahren können.

Es gibt Ebenen, die wir durchlaufen, wenn wir regelmäßig zu meditieren beginnen, und es ist gut, wenn wir über diese Ebenen informiert sind. Wir können sie dann verstehen und durchschreiten.

Wenn Du die „Atembeobachtungsmethode" anwendest und Deiner selbst „in jedem Moment" gewahr bleibst, wirst Du bemerken, daß sich der Körper entspannt, Gefühle sich beruhigen und der mentale Bereich sich zunehmend klärt — während Du der bewußte Beobachter all dessen bleibst, was sich ereignet. Du beobachtest Veränderungen, bist aber nicht an ihnen beteiligt.

Wenn Du mit einem Mantra oder mit einem gewählten Satz meditierst, wirst Du ein allmähliches Zurückziehen vom Wahrnehmen Deiner Umgebung und Deiner Gefühle und Gedanken erleben. Bald wirst Du Deiner Umgebung nicht länger und Deines Körpers und seiner Funktionen nur teilweise gewahr sein. Dies gibt Dir dann Gelegenheit, innere Zustände vollständiger zu erforschen.

Du wirst dann ohne Anstrengung meditieren. Es wird für Dich ein natürlicher und einfacher Vorgang und sehr angenehm sein. Du wirst Dich innerlich wohl und gefestigt fühlen, da der Drang, durch die Sinne wahrzunehmen, aufgehoben ist und Du im Innern Frieden erfährst. Es ist dieses innere Gefühl von Zufriedenheit, das den Meditierenden dann befähigt, für sein Leben verantwortlich zu sein und in bezug auf seine Lebensweise und sein Verhalten vernünftige Entscheidungen zu treffen. Folglich kann er zwanghaftem Verhalten und unnützen Gewohnheiten widerstehen und sie ohne Mühe auflösen.

Während ruhiger Meditation ist der Fluß unserer Konzentration beständig und mühelos. Die Aufmerksamkeit fließt dann leicht zu unserem gewählten Wort oder Satz und darüber hinaus zum Bereich klaren Gewahrseins. Auf dieser Stufe wird die Meditation durch die innere Intelligenz geleitet.

Während wir uns weiter im Meditationsfluß befinden, bewegt sich unsere Aufmerksamkeit durch die Ebenen des Gemüts. Der Strom der Gedanken verfeinert sich mehr und mehr, bis er ganz aufhört. Dann stellt sich die „Gipfelerfahrung“ ein, nämlich das Gewahrsein reinen, unabgewandelten Bewußtseins.

Nachdem wir in diesem Gewahrseinszustand für eine Weile geruht haben, das heißt für so lange, wie dieser Zustand vorhält oder wie wir uns in ihm wohlfühlen, fließt unsere Aufmerksamkeit zurück zu mentalen Vorgängen, Gefühlen und zum Körpergewahrsein. Der vollständige Vorgang umfaßt Nachinnenfließen, Vertieftsein, klares Gewahrsein und Nachaußenfließen.

Wie Du Dir die natürlichen Neigungen des Gemütes zunutze machen kannst

Unser Gemüt, das ein Teil des universalen Gemütes ist, ist ein schöpferisches Werkzeug, das wir benutzen, um uns mit der Welt in Beziehung zu setzen und in ihr tätig zu werden. Eine der Neigungen des Gemüts besteht darin, daß der Mensch Erfahrungen zustrebt, an denen er Gefallen findet und die ihn befriedigen. Wenn wir hungrig sind und essen, erleben wir ein Gefühl der Befriedigung. Wenn wir Ziele setzen und erreichen, fühlen wir uns innerlich zufrieden. Wenn wir Dinge tun, die dazu beitragen, daß wir uns sicherer, erfüllter, innerlich stärker fühlen, erleben wir Zufriedenheit.

Wenn wir zu sehr nach außen gerichtet, von äußeren Dingen, die unser inneres Glück und unsere Zufriedenheit sicherstellen sollen, zu sehr abhängig sind, kann es sein, daß wir ohne genußerzeugende Erfahrungen, falls wir nicht klar zu unterscheiden vermögen, nicht mehr auskommen können. Wir mögen zuviel essen oder zuviel nährstofflose Nahrung zu uns nehmen. Wir mögen von der Idee verfolgt sein, ständig „erlangen“ zu müssen. Wir mögen von wenig förderlichen Beziehungen zu anderen Menschen abhängig werden. Wir mögen mit Medikamenten oder anderen chemischen Substanzen, die uns künstliche und gesundheitszerstörende „Glücksgefühle“ verschaffen, auf unvernünftige Weise umgehen.

Wenn wir jedoch das Gemüt in die verfeinerten, erhabeneren, beständigeren und lebensteigernden Freuden einführen, die sich als Folge tiefer Meditation einstellen, neigt es natürlicherweise dazu, diese höheren Erfahrungen zu bevorzugen. Auf diese Weise können wir leichter unsere Verhaftungen und Abhängigkeiten aufgeben. Außerdem überwinden wir dadurch den unterbewußten Widerstand gegen das Meditieren.

Oftmals sind wir so daran gewöhnt, uns mit Sinneserfahrungen und unseren eigenen Gefühlen und Gedanken zu beschäftigen, daß wir am Anfang unserer Meditationspraxis möglicherweise noch Schwierigkeiten haben, uns davon zurückzuziehen. Wenn wir uns zum Meditieren nach innen wenden, mögen wir zum Beispiel bemerken, wie wir uns mit Gefühlen, Gedanken und unseren Erinnerungen beschäftigen. Aus diesem Grunde benutzen wir eine von uns vorher erwählte Technik als Punkt, auf den wir unsere Aufmerksamkeit richten. Die Technik sollte anziehend und einfach anzuwenden sein, damit unsere Aufmerksamkeit leichter dorthin, beziehungsweise weg von ablenkenden Gefühlen und Gedanken fließt.

Anstatt Dir jedoch zu überlegen, wie Du ablenkende Gedanken und Gefühle überwinden kannst, praktiziere lieber Meditation mit Enthusiasmus und gib diesem Üben alles hin.

Außerdem kann es sein, daß wir während der Meditation bemerken, wie wir aufgrund unserer langen Gewohnheit, uns mit mentalen Vorgängen in Beziehung zu setzen, zu Verwicklung mit Phantasien, Gedankenbildern oder Einbildungen neigen. Auch hier gilt es wiederum, solche Neigungen nicht weiter zu beachten und stattdessen die Aufmerksamkeit nach innen fließen zu lassen. Tue dies, indem Du weiterhin auf die Meditationstechnik achtest, bis Du von solchen mentalen Erscheinungen frei bist.

So handhabst Du andere mögliche Vorkommnisse

Einige neu Meditierende erleben leichte Körperbewegungen, wenn sie sich während des Übens zu entspannen beginnen. Wenn dies bloß die Art des Körpers ist, sich in eine angenehme Lage zu bringen, laß es geschehen. Wenn die Bewegungen jedoch anhalten, dann atme ziemlich tief ein und mit einem Seufzer wieder aus. So führst Du vollkommene Entspannung herbei. Sei fest entschlossen, während des Meditierens bewegungslos zu sitzen, damit alle Energien nach innen fließen können.

Es ist nicht ungewöhnlich, daß Meditierende über ein Gefühl leichten Drucks zwischen den Augenbrauen oder an der höchsten Stelle des Kopfes berichten. Wenn wir entspannt sind und uns nicht damit abmühen, uns zu konzentrieren, sollte sich das Gefühl des Drucks mit der Zeit legen. Achte darauf, daß Du Dich nicht anstrengst, wenn Du nach innen blickst. Laß den Vorgang sanft vonstattengehen.

Solltest Du gelegentlich Energiewellen im Rückenmarkskanal fühlen, dann entspanne Dich nur und laß es geschehen. Ist die Aufmerksamkeit einmal verinnerlicht, werden die Energiewellen nachlassen. Einige Meditierende berichten über leichte Stimmungsschwankungen, denen sie im Laufe des Tages unterliegen, nachdem sie eine Zeitlang regelmäßig meditiert haben. Dies ist bloß ein Anzeichen inneren Ausgleiches und sollte kein Grund zur Beunruhigung sein. Oftmals wird der Abbau von Streß, zusammen mit der zielorientierten Annahme eines neuen Lebensstils, eine leichte Verwirrung zur Folge haben, bis sich unsere neue Art zu leben gefestigt hat.

Neu Meditierende, die länger meditieren, als es für die täglichen ein bis zwei Sitzungen empfohlen ist, werden möglicherweise Momente leichter Verwirrung und sogar emotionaler Unruhe erleben. Dies geschieht aufgrund des Loslassens von ehemals unterdrückten und unangenehmen Erinnerungen. Eine der Auswirkungen der Meditation ist, daß der gesamte Bereich unseres menschlichen Bewußtseins so erhellt wird, daß Umwandlung und Klärung erfolgen können. Selbst fortgeschrittenere Meditierende erleben solche Momente von Zeit zu Zeit. Dies sollte uns nicht beunruhigen. Alles was geschieht ist, daß unbewußte Gedanken und Gefühle freigelassen werden und wir dadurch mit ihnen umgehen können. Behalte einfach nur eine Haltung ruhiger Selbstgenügsamkeit bei und erinnere Dich, daß Du weder Deine Gedanken noch Deine Gefühle bist; Du bist eine Einheit reinen Bewußtseins und kannst von eintretenden Veränderungen unberührt bleiben.

Läuterung und Umwandlung des Gemüts, des Nervensystems und des Körpers

Wenn während der Meditation überbewußte Einflüsse in den mentalen Bereich eingelassen werden, widerstehen sie destruktiven Drängen und lösen diese schließlich auf. Auf diese Weise wird der mentale Bereich geläutert. Das Nervensystem wird durch diese höheren Einflüsse tatsächlich verfeinert und organisch neu gegliedert. Wir setzen uns durch das Gemüt, das Nervensystem und den physischen Körper mit unserer Welt in Beziehung, und je verfeinerter diese sind, desto leichter ist es für Bewußtsein, sich auszudrücken.

Als Folge von Meditation und weisen Arten zu denken, zu fühlen und zu handeln, wandelt sich unsere gesamte Physiologie nach und nach um. Selbst wenn wir uns nicht völlig dem Ideal von Erleuchtung, dem vollkommenen Verstehen der Natur des Bewußtseins, das als Welt erscheint, verschrieben haben, so werden wir doch eine beständige und augenscheinliche Wandlung unserer mentalen Funktionstüchtigkeit, unserer Einstellungen und Gefühle und des Körpers selbst erfahren, wenn wir regelmäßig meditieren und ein wohlgeordnetes Leben führen. Mit der Zeit werden sich mehr und mehr Anzeichen überbewußter Einflüsse offenbaren und damit eine verbesserte Lebenserfahrung des Einzelnen und eine gesündere Gesellschaft zur Folge haben.

Da die Zeit im Prozeß der Umwandlung ein mitwirkendes Element ist, ist es erforderlich, daß wir Geduld haben und zulassen, daß sich innere Wandlungen auf natürliche Weise einstellen. Wenn wir auch in unserem Innersten alle gleich sind, beginnen nicht alle den bewußten Pfad zu vollkommenem Gewahrsein mit den gleichen psychologischen und körperlichen Voraussetzungen. Einige werden sich leichter und schneller entfalten als andere, weil sie mit einer guten Gesundheit und der natürlichen oder erworbenen Fähigkeit ausgestattet sind, sich erforderlichen Änderungen anzupassen.

Vergleiche Deinen Fortschritt oder dessen scheinbaren Mangel nicht mit demjenigen anderer. Lebe Dein eigenes Leben und erfahre Deine eigenen Segnungen, die das Leben für Dich bereithält. Auf diese Weise wirst Du beständig in die Richtung des Höchsten und Besten fortschreiten, dessen Du fähig bist.

Gewissenhaftigkeit ist der Pfad der Unsterblichkeit, Gedankenlosigkeit (Planlosigkeit) ist der Pfad des Todes. Jene, die gewissenhaft sind, sterben nicht; die Gedankenlosen (Planlosen) sind schon so gut wie tot... Weise, nachdenkliche, beständige, immer im Besitz großer Fähigkeiten befindliche Menschen gelangen zum Nirvana (reines Bewußtsein), dem höchsten Glück.

Dhamma-pada (Buddhismus)

Ich lobe Deine Hingabe an die Philosophie: Es erfreut mich zu hören, daß Deine Seele, gleich dem zurückkehrenden Odysseus, nach ihrer Heimat unter Segel geht — nach diesem wunderbaren, einzig wahren Land — dieser Welt der unsichtbaren Wahrheit.

Brief des Plotinus an Flaccus (3. Jh.)

IV

Erfahre das Leben so, wie es natürlicherweise sein sollte

Zu leben sollte erfreulich und zufriedenstellend sein. Wenn dies so ist, warum haben dann nicht mehr Menschen Freude am Leben, und warum erfahren nicht mehr Menschen wahre Zufriedenheit?
Die Antwort ist einfach: Viele wissen es nicht besser und kämpfen sich durch, schlagen sich mit Schwierigkeiten herum und erfahren Leid und Kummer; und viele andere, die es besser wissen, haben jedoch keine Motivation, es besser zu machen.
Menschen, die ihr Leben nicht richtig zu führen wissen, benötigen Anleitung. Menschen, die bereits im Besitz solchen Wissens sind, die sich aber durch Trägheit oder Verwirrung selbst einschränken, benötigen Anregung zum Handeln. Ich betone die Tatsache der Selbst-Einschränkung, denn wenn wir wissen, was wir tun sollten und es trotzdem ablehnen, Veränderungen zum Besseren herbeizuführen, haben wir unseren Zustand der Einschränkung gewählt. Es ist zwar hilfreich, die Ermutigung anderer zu erhalten, der wichtigste schöpferische Einfluß ist jedoch unsere eigene Entschlossenheit, unsere Angelegenheiten in Ordnung zu bringen und verantwortliche Handlungsweisen zu übernehmen, die einen entscheidenden Unterschied machen können.

Grundlegende Dinge, die Du wissen solltest

Das Universum ist wohlwollend. Es ist unterstützend. Es erneuert sich selbst. Wenn wir lernen, uns mit den Gesetzen der Natur in Einklang zu bringen, werden wir ebenfalls Unterstützung und Erneuerung erfahren. Das Leben neigt natürlicherweise zu Entfaltung, Wachstum und Vollendung. Da wir in den Rhythmus der Natur eingebunden sind, neigen auch wir zu Entfaltung, Wachstum und Vollendung.

Also sieh die Welt als Deinen Freund und sei Deiner Welt ein Freund. Deine Gedanken, Gefühle und Handlungen tragen zur Gesamtheit des Bewußtseins unseres Planeten bei. Das Bewußtsein der gesamten menschlichen Bevölkerung verschmilzt und vermischt sich und bildet auf diese Weise das, was wir das Gesamtbewußtsein des Planeten nennen. Denke hierüber nach und überlege, welchen Beitrag Du zum Gesamtbewußtsein Deiner Welt leistest.

Als bewußte menschliche Wesen sind wir für uns selbst verantwortlich — für unser Wohlergehen, unsere Beziehungen und das Wohlergehen unseres Planeten. Wir können dieser Verantwortung nicht ausweichen; wir übernahmen sie, als wir geboren wurden, und so wird es bleiben, bis wir diese Welt verlassen. Nimm Deine Verantwortung an und tue von jetzt an Dein Bestes.

Pflege die Tugenden. Sei ehrlich, wahrhaftig, freundlich und gerecht in Deinen Beziehungen mit anderen. Setze Deine Zeit und Energie vernünftig ein. Gib Verhaftungen und Abhängigkeiten auf und sei ein sorgsamer und verantwortungsbewußter Verwalter der Dinge dieser Welt. Dir gehört nichts, weil Dich das Leben mit allem versorgt hat. Deine Verantwortung besteht darin, mit der Welt ins Reine zu kommen und sie als einen besseren Platz zu verlassen, wenn Dein Aufenthalt in ihr vorüber sein wird.

Viele aufrichtige Menschen, die auf wahres Verstehen bedacht sind, müssen noch mit dieser Welt ins Reine kommen. Denn entweder sind sie ihr zu sehr verhaftet oder sie haben eine Abneigung dagegen, in ihr zu wirken. Beide Haltungen sind unrichtig. Die ideale Art, in der Welt zu leben, ist gut mit ihr zurechtzukommen, ohne übermäßig von ihr beeinflußt zu sein.

Lerne, in einem offenen Universum frei zu leben und erfülle Deine Ziele ohne Einschränkungen irgendeiner Art. Dies zu tun ist möglich, denn andere tun es, und wenn sie es können, kannst Du es auch.

Untersuche das Wesen des Lebens. Lies, was kenntnisreiche Menschen über ihre Entdeckungen geschrieben haben. Sinne darüber nach und gelange zu Deinen eigenen Einsichten. Frage Dich innerlich: „Warum wurden die Welten erschaffen, und wie wurden sie erschaffen?“, „Was ist mein wahres Wesen, und warum wurde ich in diese Welt geboren?“ Du wurdest nicht in diese Welt geboren, bloß um ein paar Wünsche zu befriedigen, um für Deine persönliche Sicherheit zu sorgen und um Dich dann von nützlicher Arbeit zurückzuziehen und zu sterben. Für Dein Hiersein gibt es einen höheren, edleren Zweck.

Du bist gekommen, um zu lernen, innerlich zu wachsen und einen nützlichen Beitrag zum Evolutionsprozeß zu leisten. Deshalb bist Du hierher gekommen. Wenn Du dies nicht klar erkennst, studiere und kontempliere, *bis* Du es klar erkennst, und widme Dich dann Deinem festgesetzten Tagesablauf — dabei lerne mehr, diene mehr und wachse innerlich weiter. Dies ist der Weg, das Leben so zu erfahren, wie es natürlicherweise sein sollte.

Führe Dein Leben so, daß alle Deine Handlungen konstruktiv sind. Tue, was immer zu edlerem Denken, gesünderen Gefühlen, besseren Beziehungen und zu einem harmmonischeren Zustand der Gesellschaft und der Welt beiträgt. Gib auf, was immer zu negativem Denken, emotionalen Konflikten, beeinträchtigten Beziehungen und zu Mißklang in der Gesellschaft beiträgt.

Nimm nahrhafte Kost zu Dir, plane Zeit für Erholung und Schlaf ein, öffne Dein Gemüt und Dein Bewußtsein für das Gute. Lebe das Leben, von dem Du weißt, daß es ideal ist, selbst wenn andere, die Du kennst, dies nicht tun. Du wirst die richtigen Dinge tun und anderen ein Beispiel zur Nachahmung sein.

Hier sind vier Richtlinien, die Du Dir merken und an die Du Dich halten solltest:

Übe Selbstdisziplin, indem Du immer das tust, von dem Du weißt, daß Du es tun solltest; erforsche die Natur des Bewußtseins und den Lebensprozeß; meditiere regelmäßig; laß Dein Gefühl des Ego sich auflösen, um Einheit mit Gott und dem Universum zu erfahren. Diese Richtlinien formen den Kern jeder dem Menschen bekannten esoterischen Lehre.

Praktische Dinge, die Du nach der Meditation tun solltest

Die ruhigen Momente nach der Meditation sind die ideale Zeit, um sich innerlich schöpferisch zu betätigen. Während dieser Phase Deines Übens bist Du ruhig, objektiv, mental klar und Deine Intuition ist erwacht. Tue von Zeit zu Zeit und immer wenn Du Dich danach fühlst, folgendes:

1. *Liebe und segne alle Menschen* — Denke an die Menschen dieser Erde, nimm sie in Dein Bewußtsein und fühle Liebe für sie. Auf diese Weise segnest Du andere und Dich selbst. Sei dankbar für die Gelegenheit, dies tun zu können.

2. *Erstelle eine Liste mit Zielen, die es wert sind, verwirklicht zu werden* — Falls Du im Leben eine Richtlinie brauchst oder wenn Du diese hast, aber Deine Prioritäten noch klar festlegen mußt, dann erstelle eine Liste Deiner lohnenden Ziele. Wenn Du möchtest, schließe dabei Deine Hoffnungen und Träume für Dich und andere ein. Wenn Du dies tust, fühle, daß Du Dich in Partnerschaft mit der Intelligenz des Universums befindest, denn dies ist tatsächlich der Fall. Achte nicht auf die unbedeutenden Dinge; schreibe einfach nur alle Dinge auf, deren Du würdig bist und die mit dem Höchsten und Besten, das Du Dir vorstellen kannst, übereinstimmen. Tue dann nachher Dein Möglichstes, um ein schöpferischer Teilnehmer an der Verwirklichung Deiner Ziele und Pläne zu sein. Wenn Du nicht weißt, was Du tun sollst, lebe im Vertrauen und erlaube dem Universum, die Dinge in göttlicher Ordnung zu entfalten. Dies wird es mit Sicherheit tun.

3. *Visualisiere gute Ergebnisse* — Welche Deine Ziele auch sein mögen, wende diesen Vorgang an. Solltest Du eine Steigerung an spirituellem Gewahrsein, verbesserten mentalen Fähigkeiten, ein ausgeglicheneres Gefühlsleben, bessere Beziehungen oder Erfolg in Unternehmungen erfahren wollen — dieser Vorgang ist gleichermaßen wirksam. Stelle Dir einfach nur bildlich vor, wie Du in jedem Bereich Erfüllung erlebst. Sieh Dich selbst so und *fühle,* daß es so ist. Denke dabei nicht, daß dies erst in Zukunft so sein könnte, sondern fühle, daß Du *jetzt* der Mensch bist, der Du sein möchtest, in Bewußtsein,

Verstehen, Beziehungen und in Harmonie mit der Welt. Ruhe in diesem Gefühl der Erfüllung und behalte es in Dir, nachdem Du Deine Sitzung beendet hast. Auf diese Weise wirst Du durch das Erneuern Deines Gemüts verwandelt sein.

4. *Wenn Du Heilung benötigst, tue dies* — Manchmal benötigt der Körper Heilung, oder möglicherweise bedürfen wir einer anderen Art von Heilung. Vielleicht fehlen uns mentaler Frieden oder emotionale Ruhe oder harmonische Beziehungen. Das Einzige, was tatsächlich geheilt werden muß, ist unser Bewußtsein in Beziehung zu Umständen. Sitze in meditativer Ruhe und visualisiere körperliche Gesundheit, einen geordneten mentalen Zustand, emotionale Ruhe, unterstützende Beziehungen und Harmonie mit den Kräften der Natur. Vergegenwärtige Dir dies klar und *fühle* die Wirklichkeit dessen, was Du gerade visualisierst. Nachdem Du Deine Sitzung beendet hast, behalte dieses innere Wissen und Gefühl in Dir. Solltest Du professionelle Unterstützung benötigen, finde die bestmögliche Hilfe und tue Dein Möglichstes, um Dein Wohlbefinden wiederherzustellen.

Benutze den Vordruck auf den nächsten beiden Seiten, um in eine Beziehung mit dem Leben zu treten.

PLÄNE ZUR SELBSTVERWIRKLICHUNG

Schreibe Deine konstruktiven Pläne klar auf und verfolge sie auf richtige Weise weiter. Während Du dies tust, denke daran, daß Du in Partnerschaft mit der Kraft stehst, die das Universum nährt. Notiere zunächst Deine Ziele hinsichtlich der folgenden Bereiche Deines Lebens. Schreibe dann auf, was Du tun wirst, um sie zu verwirklichen. Sollten einige Einschränkungen vorhanden sein, deren Du Dir bewußt bist, schreibe sie auf und was Du tun wirst, um sie beseitigen. (Vielleicht möchtest Du diese Seiten als einen Leitfaden benutzen und Deine Aufzeichnungen in ein privates Notizbuch schreiben.)

1. Spirituelles Gewahrsein

2. Mentales Gewahrsein und Funktionstüchtigkeit

3. Emotionale Ausgeglichenheit und Frieden des Gemüts

4. Körperliche Gesundheit und Vitalität

5. Förderliche und gegenseitig unterstützende Beziehungen

Erstelle eine Liste Deiner Hoffnungen und Träume für Dich, für andere und für Deine Welt

Laß nach der Meditation, oder wann immer Du ruhig und entspannt bist, Dein Gewahrsein sich erweitern und schreibe Deine Hoffnungen und Träume auf, Deine persönlichen Ziele, alles, bei dem Du Dich selbst *sehen* kannst, wie Du es in den kommenden Wochen, Monaten und Jahren tust. Schließe auch andere in Deine Sitzung des Möglichkeiten-Denkens mit ein.

Nachdem Du dies getan hast, lege die Liste beiseite und greife nur von Zeit zu Zeit auf sie zurück. Tue Dein Möglichstes, um Pläne zu vollenden, bleibe aber offen für das ungeplante Gute, in dem Wissen, daß das Universum dabei ist, Dich auf dem Weg zur vollkommenen Erfüllung zu unterstützen. Führe ein natürliches, auf Gott abgestimmtes Leben und übe Dich im Vertrauen.

„Wer von euch kann mit all seiner Sorge sein Leben auch nur um eine kleine Zeitspanne verlängern?"

„Und was sorgt Ihr euch um eure Kleidung? Lernt von den Lilien, die auf dem Feld wachsen: Sie arbeiten nicht und spinnen nicht."

„Doch ich sage euch: Selbst Salomo war in all seiner Pracht nicht gekleidet wie eine von ihnen."

„Wenn aber Gott schon das Gras so prächtig kleidet, das heute auf dem Feld steht und morgen ins Feuer geworfen wird, wieviel mehr dann euch, ihr Kleingläubigen!"

„Macht euch also keine Sorgen und fragt nicht: Was sollen wir essen? Was sollen wir trinken? Was sollen wir anziehen?"

„Denn um all das geht es den Heiden. Euer himmlischer Vater weiß, daß ihr all das braucht."

Matthäus 6, 27-31, 32

V

Antworten auf häufig gestellte Fragen

Laß uns nun zusammen interessante Sachverhalte untersuchen, die sich auf die Praxis der Meditation und auf ein angenehmes und natürliches Leben in der heutigen Welt beziehen. Ich hoffe, das folgende Kapitel wird Dir dabei helfen, Deine Fragen zu beantworten, Dir nützliche Informationen zu verschaffen und Dich auf dem Wege zu persönlicher Erfüllung zu inspirieren.

Ich möchte gern mehr über die Geschichte und die Tradition der Meditation wissen, und darüber, warum so viele verschiedene Methoden gelehrt werden.

Wahrscheinlich ist Meditation auf unserem Planeten praktiziert worden, seit der frühzeitliche Mensch sich seiner selbst bewußt wurde. Eigenbewußtsein, das Gefühl, in bezug auf das Universum ein Einzelwesen zu sein, führt natürlicherweise zu Fragen nach dem Sinn des Lebens, zu Selbstprüfung, innerer Einkehr und Kontemplation.

Es ist bekannt, daß Meditation viele tausend Jahre lang praktiziert und gelehrt worden ist. Altertümliche Texte, in denen Meditationsmethoden und subtile Bewußtseinszustände erklärt werden, sind aus dem Sanskrit und anderen Sprachen übersetzt worden. Viele dieser Quellen sind „östlich", da sich die Zivilisation im Osten früher als die westliche entwickelte. Jedoch sollten wir nicht glauben, Meditation sei eine östliche Verfahrensweise und deshalb mit westlichem Temperament und westlicher Mentalität nicht vereinbar. Meditation ist einfach ein Prozeß, den jeder Mensch erfahren kann und aus dem er Nutzen ziehen kann, da die Beziehung zwischen Seele, Gemüt und Körper bei allen Menschen, ungeachtet ihres kulturellen Hintergrunds, die gleiche ist.

Die bedeutenden heiligen Schriften dieser Welt berichten darüber, wie sich Propheten und Seher oftmals zum Alleinsein zurückzogen, um zu beten und sich in Gott zu versenken. Hingebungsvolles Gebet und innere Verbindung zu Gott hat spontane Meditation und ein Öffnen des gewöhnlichen Bewußtseins für die grenzenlose Wirklichkeit des Bereiches reinen Bewußtseins zur Folge.

Im Westen ist Meditation seit über 100 Jahren von christlichen Mystikern und von Menschen, die Yoga und andere Methoden praktizierten, gelehrt worden. Einige Lehrer aus Indien, darunter auch Swami Vivekananda, lehrten um die Jahrhundertwende in weiten Teilen Amerikas und Europas. Paramahansa Yogananda, mein Guru, der mich lehrte, ging im Jahre 1920 nach Amerika und hielt dort für die nächsten drei Jahrzehnte öffentliche Vorträge und lehrte persönliche Schüler. Es wird angenommen, daß er während seiner aktiven Lehrtätigkeit über 100.000 Menschen in Meditation unterwies.

Im sechsten und siebten Jahrzehnt dieses Jahrhunderts kamen auch andere Lehrer aus fernen Ländern, um Meditation zu lehren, und viele qualifizierte Lehrer aus dem Westen übten ebenfalls eine erfolgreiche Lehrtätigkeit aus. Diese Entwicklung setzt sich heutzutage in der ganzen Welt fort. In größeren Städten der Vereinigten Staaten, in Kanada, Japan, Brasilien, Europa und West-Afrika spreche ich vor großen Gruppen, und die Resonanz ist immer positiv.

Der Grund für das Angebot verschiedener Methoden liegt in der Neigung der Lehrer, das weiterzugeben, was sie bei ihrer eigenen Ausübung der Meditation als wirkungsvoll empfunden haben. Außerdem haben Menschen oft individuelle Bedürfnisse und unterschiedliche psychologische Voraussetzungen, und um diesen Bedürfnissen gerecht zu werden und anderen wirkungsvoll auf dem Wege zu Reife zu helfen, haben sich spezielle Verfahrensweisen und Techniken entwickelt. Ungeachtet der zuvor praktizierten Methode der Meditation bleibt das Endergebnis das gleiche.

Was ist der Unterschied, falls es einen solchen überhaupt gibt, zwischen Gebet, Meditation und Kontemplation?

Meditation, wie sie in diesem Buch gelehrt wird, ist der Vorgang des Nachinnenlenkens der Aufmerksamkeit, um Transzendenz zu erfahren. *Gebet* berührt die Beziehung zu Gott und ist natürlich nützlich. Wenn Du Dich im Rahmen Deines Meditationsablaufes zum Beten aufgelegt fühlst, so sind die folgenden Zeiten dazu am besten geeignet: Am Anfang, um ein Öffnen des Bewußtseins zu erfahren; dann nach der Meditation, um im Gewahrsein der Gegenwart Gottes verankert zu bleiben. Außerdem ist dies eine ausgezeichnete Zeit, um für andere zu beten. *Kontemplation* ist inneres Erforschen eines Sachverhaltes, einer Frage, auf die wir eine Antwort wünschen, oder eines Problems, zu dem wir eine Lösung finden möchten. Solch sanftes Nachsinnen oder Kontemplieren, mit dem Ziel, Einsicht zu erlangen, hat Enthüllung zur Folge. Wir erfahren Kontemplation während des Meditationsvorganges, nachdem wir in Konzentration auf das gewählte Ideal verankert sind, bis sich die höchste Erfahrung einstellt. Wenn wir Überbewußtsein erfahren, nehmen wir uns nicht länger in irgendeiner Weise als Kontemplierende wahr. Nur die Erfahrung des bewußten Seins ist gegenwärtig.

Was bedeutet es, erleuchtet zu sein? Und wie lange dauert es, bis wir erleuchtet sind?

In bezug auf einen Sachverhalt erleuchtet zu sein, bedeutet, wahres Verständnis darüber zu besitzen. Im spirituellen Sinne erleuchtet zu sein, bedeutet klar die Natur des Bewußtseins zu erkennen, vom manifestierten Bereich bis zum vollen Ausdruck als kosmischem Prozeß. Es ist nicht nur möglich, erleuchtet zu sein, sondern es ist äußerst wünschenswert und der hauptsächliche Zweck unseres Daseins in dieser Welt.

In unserem innersten Kern sind wir bereits rein, strahlend und wissend, da wir Einheiten des Bewußtseins, Strahlen des einen Seins sind. Doch bis wir bewußt erleuchtet sind, sind diese Reinheit, dieses

Strahlen und dieses Wissen aufgrund unserer Identifikation mit einschränkenden Eigenschaften im Gemüt (Gewohnheiten, Neigungen, Anschauungen, starre Haltungen, Programmierungen) und in der Physiologie (Nervensystem und Körper) getrübt.

Wir können in zweifacher Weise an die Lösung des grundlegenden Problems vorübergehenden Nicht-Wissens herantreten. Wir können uns danach sehnen, die Wahrheit über das Leben zu kennen, und tief meditieren, um Überbewußtsein zu erfahren. Als Folge davon durchdringen feinstoffliche Einflüsse das Gemüt, das Nervensystem und den Körper, um diese zu läutern und zu beleben. Desweiteren können wir bewußt daran arbeiten, uns selbst von allen einschränkenden Eigenschaften zu befreien, indem wir uns aktiv mit einem Programm zur Änderung unseres Verhaltens befassen.

Auf diese Weise lösen sich zerstörerische Eigenschaften auf und schöpferische Eigenschaften treten hervor. Schließlich entfalten sich die natürlichen Fähigkeiten der Seele, und wir fließen mit der Kraft der Evolution, während wir auf natürliche Weise und mit unfehlbarer Führung das Richtige zur richtigen Zeit tun.

An manchen Tagen fühle ich mich nicht danach zu meditieren. Was sollte ich dann tun?

Wenn Du mit Dir selbst übereingekommen bist, regelmäßig zu meditieren, solltest Du es tun, egal ob Du Dich dazu aufgelegt fühlst oder nicht. Glaube nicht, daß Du das Meditieren dann als unangenehm empfinden wirst. Nein, Du wirst feststellen, daß Du die Gewohnheit, Deinem Wohl zu widerstehen, auflösen und mit Freude in die Stille fließen wirst. Du wirst zufriedener mit Dir sein, weil Du Deinen unbewußten Widerstand überwunden hast. Dein Selbstvertrauen wird wachsen und Dich befähigen, auch andere Situationen in Deinem Leben zu meistern.

Ich fürchte mich vor dem Tod. Wird Meditation mir helfen, diese Furcht zu überwinden?

Ja, Meditation ist eine bewußte Art, in bezug auf die mit den Sinnen wahrgenommene Welt „täglich zu sterben". Unbewußt tun wir dies jedesmal dann, wenn wir schlafen. Wenn wir müde sind und das Bedürfnis nach einer Unterbrechung unserer Beteiligung an äußeren Umständen haben, wenden wir uns nach innen, um zu schlafen. Wir sind dann besser imstande, unser Leben fortzuführen. Deshalb fürchten wir den Schlaf nicht. Durch Meditation erfahren wir bewußte Selbst- (Seelen-) Erfüllung und benötigen keine Sinnesempfindungen oder mentale Aktivität, die wir unserer Wirklichkeit hinzufügen müßten. Meditation ist eine der besten Arten, um sich auf den schließlichen Übergang vorzubereiten; sie sollte jedem Menschen gelehrt werden, dem diese Erfahrung bald bevorsteht. Solange wir in dieser Welt einen Zweck erfüllen, können wir hier weiterleben, mit sich steigerndem Verstehen und wachsender Unabhängigkeit, aufgrund regelmäßiger tiefer Meditationen.

Ist es nützlich, mit anderen gemeinsam zu meditieren? Können Einzel- und Gruppenmeditationen Zustände in der Welt verbessern?

Für Menschen, die sich miteinander in Einklang befinden, ist es natürlich nützlich, von Zeit zu Zeit gemeinsam zu meditieren. Gruppenmeditation kann unseren persönlichen Vorsatz sowie jenen neu Meditierender bestärken und zum allgemeinen Wohl der Gemeinschaft und des Gesamtbewußtseins des Planeten beitragen. Der ideale Ablauf für solch ein Treffen ist, schweigend zu einer verabredeten Zeit zusammenzukommen, für eine Stunde oder länger zu meditieren, dann auseinanderzugehen und das meditative Bewußtsein in die eigene Gemeinschaft hineinzutragen. Solch ein Treffen ist nicht die Zeit für oberflächliche philosophische Diskussionen oder seichten sozialen Austausch.

Je offener wir für überbewußte Einflüsse sind, desto mehr fließen sie durch uns und strahlen in die Umgebung aus. Auch wenn es in Ordnung ist zu glauben, daß Gruppenmeditationen förderlich für das Gewamtbewußtsein des Planeten sind, sollten wir daran denken, daß unser eigenes umgewandeltes Leben den größten Einfluß auf die Welt hat. Wenn wir von inneren Einschränkungen freier werden, zieht auch das Gesamtbewußtsein der Menschheit daraus Nutzen.

Ich bin das einzige Mitglied meiner Familie, das sich zur Zeit für Meditation interessiert. Gibt es bestimmte Dinge, die ich beachten sollte?

Meditiere zu einer Zeit, in der Dein Üben keine übermäßige Aufmerksamkeit erregt und in der Du den anderen Familienmitgliedern keine Ungelegenheiten bereitest. Gesteigerte Harmonie, Liebe und gegenseitige Unterstützung werden das natürliche Ergebnis Deines persönlichen Übens und des Weitergebens Deiner Güte an die Familie sein.

Wie reagiere ich auf Fragen und Bemerkungen von Freunden und Verwandten, die mein Interesse am spirituellem Leben nicht teilen?

Wenn Deine Freunde und Verwandten Dein Interesse nicht teilen, dann sollten sie von Deiner Beschäftigung mit diesen Dingen nicht einmal etwas wissen. Jene, die interessiert sind, können wir natürlich in der Meditation unterweisen oder mit nützlicher Fachliteratur versorgen. Mit anderen jedoch sollten wir auf freundliche und angemessene Weise in Beziehung treten und das Gespräch auf Angelegenheiten von gegenseitigem Interesse lenken. Anderen zu erlauben, in unsere Privatsphäre einzudringen, würde bedeuten, Heiliges und Kostbares zu entweihen. Zuviel über diese Dinge zu reden, selbst wenn wir dies mit interessierten Menschen tun, zehrt außerdem Lebenskraft auf und schwächt unseren persönlichen Vorsatz auf dem Pfad. Rede weniger, meditiere mehr und führe zu jeder Zeit ein rechtschaffenes Leben.

Ist es gut, mit Musik zu meditieren? Kann ich meditieren, während ich meinen täglichen Aufgaben nachgehe?

Für manchen Menschen ist es hilfreich, vor dem Meditieren einstimmende Musik zu hören. Dies kann zu Entspannung und zu einem ruhigen Gemütszustand beitragen. Oftmals jedoch nimmt es auch unserer Konzentration die „Schärfe", so daß wir dazu neigen, in einen traumähnlichen Zustand zu gleiten, anstatt die Aufmerksamkeit auf innere Vorgänge gerichtet zu halten. Wenn möglich, meditiere in vollkommener Stille. So vermeidest Du mögliche Ablenkungen und Sinneseindrücke, die zu Stimmungsschwankungen und Gedankentätigkeit beitragen könnten.

In einer meditativen Stimmung können wir laufen oder auch fast alles andere tun, aber wir können nicht unsere volle Aufmerksamkeit inneren Vorgängen widmen, wenn andere Angelegenheiten unsere Sinne und Aufmerksamkeit beschäftigen. Empfehlenswert ist, stets entspannt und gewahr zu sein. Wenn Du meditierst, tue dies richtig und zielgerichtet. Täusche Dich nicht selbst, indem Du glaubst, daß Herumlaufen in einer meditativen Stimmung das gleiche ist wie überbewußte Meditation, wie sie hier gelehrt und empfohlen wird. Viele Menschen tun alles, außer richtig zu meditieren, und versuchen dann, sich selbst davon zu überzeugen, daß sie meditiert haben.

Sollte ich in einem abgedunkelten Raum meditieren? Und sollte ich immer in demselben Raum meditieren?

Für eine tiefgehende Meditationspraxis ist es nützlich, in einem abgedunkelten Raum zu sitzen. Der Körper wird sich leichter entspannen, und die Wahrscheinlichkeit, daß wir durch Licht abgelenkt werden, das durch unsere geschlossenen Augenlider fällt, wird geringer sein. Es gibt aber auch noch einen psychologischen Aspekt: Wenn wir den Raum abdunkeln, dann tun wir etwas, das folgendes ausdrückt: „Ich meine es ehrlich mit dem, was ich tue, und widme ihm meine ungeteilte Aufmerksamkeit."

Immer in demselben Raum zu meditieren, jedesmal, wenn Du Dich zum Üben hinsetzt, kann nützlich sein. Werde nicht abhängig von einem bestimmten Platz, denn immer, wenn Du Deine Augen schließt, beginnst Du, Dich von der Welt zurückzuziehen. Falls Du aber einen festen Platz hast, an den Du Dich zum Meditieren zurückziehst, werden Erinnerungen früherer erfolgreicher Meditationserlebnisse in Deinem Gemüt aufsteigen, während Du mit dem Üben beginnst, und dies wird Dich unterstützen. Außerdem mag sich die Umgebung, in der Du meditierst, aufgrund wiederholter Meditationssitzungen mit überbewußten Kräften aufladen. So wird Dich die geheiligte Umgebung zusätzlich unterstützen.

Mit unkontrollierten Gedanken und Gefühlen habe ich keine Probleme. Mein Problem ist, daß ich, wenn ich eine Zeitlang sitze, nicht mehr dessen gewahr bin, was passiert, und komme dann später zu mir und merke, daß ich mich in einem leeren Zustand befand, zwar nicht unbewußt, aber auch nicht bewußt. Wie kann ich dieses Problem lösen?

Versuche, etwas mehr Aufmerksamkeit auf das spirituelle Auge zu richten und fühle dabei, daß Du *vom* Scheitelchakra *aus* meditierst. Dies wird Dir helfen, Deine Aufmerksamkeit aus unterbewußten und unbewußten Gemütsebenen herauszuhalten. Achte außerdem mehr auf Dein Mantra oder auf die Technik, die Du nützlich findest. Beschließe bereits vorher, daß die Meditation eine klare, bewußte Erfahrung sein wird.

Ist es ausreichend, bloß ein- oder zweimal am Tag zu meditieren und dann ein normales Leben zu führen? Ist dies schon alles?

Dies ist schon alles — für Menschen, die nur Nutzen aus Entspannung ziehen wollen und die das Nervensystem und den Körper allmählich beleben möchten. Ergebnisse werden sich stufenweise nach einer gewissen Zeitspanne einstellen. Wenn wir für unser eigenes Wohlbefinden nichts anderes Zielgerichtetes unternehmen, dann ist es sinnvoll, auf diese Weise zu meditieren.

Für deutlichere Ergebnisse tue, außer zu meditieren, noch andere nützliche Dinge. Lies weiterbildende Bücher zur Inspiration und um Dich zu informieren. Lerne mehr über die Welt, in der Du lebst. Untersuche die Natur des Bewußtseins, die Natur der Seele und wie das Gemüt arbeitet und pflege die Tugenden. Führe ein ideales Leben, so gut wie Du kannst. Finde heraus, welcher Dein hauptsächlichster Zweck im Leben ist, und gib Dich diesem hin.

Sorge für regelmäßige körperliche Bewegung, öffne Dich mehr und mehr dem Wohlwollen der Natur. Nimm natürliche Nahrung zu Dir und erlebe die Beziehung zwischen der Wahl der Nahrung und dem Zustand Deines Bewußtseins. Sei kosmisch bewußter. Gib Dich dem Dienen hin. Du wirst dann entdecken, daß für alle Deine Bedürfnisse gesorgt ist und daß ein endloser Strom an Kreativität um Dich herum und durch Dich hindurch fließt.

Wenn Du nicht so gesund und funktionstüchtig bist, wie Du sein solltest, dann tue Dein Möglichstes, um Deine Gesundheit und Funktionstüchtigkeit vollkommen wiederherzustellen. Behalte eine wache mentale Einstellung bei. Sei willens zu lernen.

Ich habe von Menschen gehört, die während der Meditation hypnotische Trancezustände erleben und die Botschaften von hinübergegangenen Seelen „durchgeben" und „automatisches Schreiben" praktizieren. Wie steht es damit?

Gehe solchen Betätigungen aus dem Wege! Der Sinn der Meditation liegt darin, frei von unbewußten Verwicklungen zu sein und einen klaren Gewahrseinszustand zu erfahren. Wenn Du so frei und klar bist, kannst Du Verantwortung für inspirierende Gedanken und Einsichten übernehmen, die Dir auf natürliche Weise kommen. Der hypnotische Zustand ist kein klarer, bewußter Zustand und kann keine Umwandlung und spirituelles Gewahrsein zur Folge haben.

Menschen, die behaupten, daß sie „durchgeben", sind entweder selbst getäuscht, weil sie nicht verstehen, was geschieht, oder sie sind willige Hochstapler, die nur heucheln, um irgendein emotionales Bedürfnis zu befriedigen und andere zu kontrollieren. Jeder erleuchtete Lehrer, den ich kenne, rät von solchen Praktiken ab, weil diese trügerisch sind und nicht zu wahrem spirituellen Gewahrsein beitragen.

„Durchgeben" oder „mediale Aktivität" jeglicher Art beruhen auf einer irrigen Annahme infolge mangelnden Verstehens. Der betreffende Mensch glaubt, eine eigenständige Existenz zu sein, durch die Informationen geleitet werden. Er wird dann denken: „Ich erhalte diese Informationen", anstatt zu erkennen, daß sich alles Wissen im Innern auf der Ebene des Seins befindet. Da er sein wahres Wesen nicht kennt, hat er das Bedürfnis, inneres Wissen durch eine andere Quelle zu erhalten. Auch wenn ein Mensch tatsächlich glaubt, er erhielte auf diese Weise Informationen, ist dies der Beweis, daß er sein wahres Wesen nicht kennt, daß er noch von der Ebene der Identifikation mit dem Ego wirkt. Was „durch das Gemüt kommt", wird gewöhnlich durch die Bedingtheiten im Gemüt gefiltert und ist deswegen gefärbt. Nur reines Wissen, das intuitiv und durch die Anwendung des Unterscheidungsvermögens (Intelligenz) wahrgenommen wird, ist verläßlich. Ein Mensch, der weiß, was wahr ist, wird nicht behaupten, Wissen zu erhalten.

Nach der Meditation schöpferisch zu schreiben, kann eine nützliche Übung sein, und die Ergebnisse sollten nicht auf eine andere Quelle zurückgeführt werden. Wenn wir noch zu einem gewissen Grade unsicher und emotional abhängig sind, mag es für uns eine Versuchung sein, von Erscheinungen dieser Art angezogen zu werden. Wir sollten jedoch unsere Aufmerksamkeit stattdessen realistischen spirituellen Verfahrensweisen und der Notwendigkeit verantwortungsvollen Lebens widmen.

Bis wir in der inneren Erkenntnis unseres wahren Selbst verankert sind, mag es für uns eine Versuchung sein, uns zu sehr vom „Anderen" und „Geheimnisvollen" fesseln zu lassen. Dies zuzulassen würde aber nur ein Abweichen vom Pfad bedeuten. Der Weg zu Freiheit und Befreiung des Bewußtseins führt durch alle Ebenen des Gemüts und der Gefühle und besteht im Erfahren klaren Gewahrseins. Dann, wenn wir im Sein verankert sind, ist es möglich, alle Dinge zu verstehen. Den Weg der Erscheinungen und Trugbilder zu wählen, ist ein Irrtum. Wenn Du Dich wahrhaft auf dem Pfad der Erleuchtung befindest, solltest Du das Wesen eines Kriegers haben, stark und mutig, nicht ängstlich und emotional unsicher.

Wie steht es mit wissenschaftlichen Forschungsarbeiten, deren Ergebnisse Meditierenden dazu verhelfen sollen, ihre verborgenen Kräfte zu entfalten? Es ist über Menschen berichtet worden, die in der Lage waren über dem Boden zu schweben, durch Wände zu sehen und andere interessante Dinge zu tun.

Selbst dies kann eine Ablenkung vom wahren Zweck der Meditation sein. Jedoch experimentieren fortgeschrittene Meditierende manchmal mit solchen Verfahrensweisen, um besser zu verstehen, wie das Universum arbeitet. Dies zu tun, schadet überhaupt nicht, solange wir klar verstehen, daß das wirkliche Wohl die Befreiung des Bewußtseins und die vollkommene Freiheit ist, im Universum zu wirken. Der Versuch, außergewöhnliche Fähigkeiten zu erlangen, ohne moralische und ethische Eigenschaften entwickelt zu haben, bedeutet Probleme herauszufordern. Viele verhältnismäßig funktionstüchtige Menschen verhalten sich im Umgang mit den Fähigkeiten, die sie zur Zeit besitzen, nicht verantwortungsbewußt.

Ich war Zeuge von „Wundern" und bei der Anwendung von Fähigkeiten, die viele als übernatürlich betrachten würden. Es gibt auch dokumentierte Berichte über solche Begebenheiten. Und doch bejahen Erleuchtungslehrer weiterhin den Weg der Zielgerichtetheit, der Ausgeglichenheit und des geregelten Lebens. Auf dieser Grundlage wird dann das, was immer sich für einen Menschen entfaltet, in Übereinstimmung mit seiner persönlichen Bestimmung sein.

Ist es in Ordnung, wenn ich anderen Menschen, die anscheinend interessiert sind, Meditationsmethoden erkläre?

Selbstverständlich ist es das. Richte Dir zuerst Deinen eigenen regelmäßigen Meditationsplan ein und erlange in der Ausübung der Meditation ein wenig Fertigkeit. Dann erkläre anderen, die um Unterweisung bitten, die einfache Art der Meditation. Unterweise sie gemäß Deiner Fähigkeit. Versuche nicht zu lehren, was Du nicht aus persönlicher Erfahrung weißt. Und glaube nicht, daß Du, nur weil Du vielleicht sechs Monate oder so meditiert hast, nun qualifiziert bist, ein Lehrzentrum zu eröffnen und die Welt zu lehren! Gib Dir Zeit, um zu wachsen und zu reifen. Wenn Du dann ein innerlich festgegründeter Meditierender bist und die belebenden Kräfte in Dir wirksam sind, wirst Du wirklich etwas Nützliches zu bieten haben.

Hat es einen besonderen Wert, persönlich in eine Lehrtradition der Meditation eingeweiht zu werden?

Ja, solch eine Erfahrung hat großen Wert, wenn die betreffende Lehrtradition die richtige spirituelle Verbindung für Dich ist. Andernfalls wird die Erfahrung fruchtlos sein. Es ist nicht für jeden nötig, auf diese Weise eingeweiht zu werden, um aus einfachen Meditationsmethoden Nutzen zu ziehen.

Für Menschen jedoch, die bereit sind, sich einem vollständigen Programm disziplinierter Betätigung auf dem Erleuchtungspfad zu widmen, ist eine formelle Einweihung äußerst hilfreich. Du brauchst nicht krampfhaft nach solch einer Erfahrung zu suchen. Wenn Du bereit bist, wenn Du Dich durch innere Hingabe und Vertrauen in Gott vorbereitet hast, wird das Leben die Gelegenheiten schaffen, die erforderlich sind, um Dich auf dem Pfad zu unterstützen.

Ich habe Schwierigkeiten, mich von Einstellungen, Gefühlen und Verhaltensweisen zu befreien, die auf meinen Wunsch, beim Vollbringen lohnender Ziele erfolgreich zu sein, störend einwirken. Gibt es irgendeinen Weg, von diesen Zuständen frei zu werden?

Fast jeder Mensch erlebt, so lange bis er voll bewußt ist, gewisse Schwierigkeiten beim Loslassen von Gedankenmustern, Gefühlen und Verhaltensweisen, die destruktiv sind. Viele Menschen unterhalten selbstzerstörerische „Mythen“ über sich selbst und das Leben im allgemeinen, die ihre grundlegende Neigung erfolgreich zu sein beeinträchtigen. Ein „Mythos“ ist eine Überzeugung, die sich im Gemüt eines Menschen oder im kollektiven Gemüt einer Gruppe aufgebaut hat, tatsächlich aber keine Grundlage hat und in unklarer Wahrnehmung von Umständen gründet. Wir mögen uns ungeliebt fühlen, unwert, zu einem dauerndem Versager bestimmt oder unfähig, jemals ein freier, funktionstüchtiger Mensch zu sein. Im extrem entgegengesetzten Fall täuschen wir uns vielleicht hier und dort damit, fähiger zu sein, als wir im Moment tatsächlich sind. In ihrem Wesen unrealistisch, veranlassen uns solche irrigen Überzeugungen oftmals dazu, nicht nützlich oder sogar selbstzerstörerisch zu denken, zu fühlen und uns zu verhalten.

Erforderlich für uns ist Ehrlichkeit mit uns selbst, Demut sowie die Bereitschaft zu lernen und dann die Verfahrensweisen anzuwenden, die wir als nützlich erachtet haben. Auf diese Weise wird Gelerntes in Erfahrung umgesetzt, und durch persönliche Erfahrung werden wir kenntnisreich und verantwortungsbewußter.

Meditiere tief nach einem regelmäßigen Plan, denn dies wird den mentalen Bereich klären und das Gefühlsleben ins Gleichgewicht bringen. Werde Dir des Wesens, das Du tatsächlich bist, bewußter und sieh Dich innerlich als einen funktionstüchtigen und erfolgreichen Menschen.

Unsere Anschauungen und Einstellungen über uns selbst und unsere Welt bewirken, daß wir die Welt durch die Brille dieser Anschauungen und Einstellungen betrachten. Deswegen sehen wir das, was wir zu sehen programmiert sind, anstelle von dem, was wirklich vorhanden ist. Weil wir die Welt durch unsere mentalen Bedingtheiten betrachten, neigen wir dazu, das Leben gemäß unserer Erwartungen zu erfahren, und unsere Überzeugungen werden dann dadurch bestärkt. In Wirklichkeit leben wir in einem offenen Universum, und wir können lernen, uns durch dieses frei zu bewegen. Wenn wir jedoch die Welt durch unsere Bedingtheiten betrachten, sehen wir eine „Wirklichkeit“, die wir auf uns persönlich beziehen und die begrenzt ist.

Für uns ist sie „wirklich“, weil wir sie so wahrnehmen und fühlen, wie wir es eben tun, aber es ist nicht die Gesamtheit dessen, was wirklich ist.

Alle menschlichen Probleme sind die Folge von Fehlern in der Wahrnehmung. Wenn wir unvollkommen wahrnehmen, ziehen wir falsche Schlüsse und machen Fehler. Was wir erfahren, befindet sich immer in Übereinstimmung mit dem, was wir innerlich als wahr fühlen oder erkennen. Das, was wir erleben, ist das, was wir sehen und erwarten. Wenn wir nur Mißerfolg, Armut, Krankheit und Unglück sehen können, dann ist es das, was wir mit Sicherheit erleben. Wenn wir andererseits nur Erfolg, Wohlstand, Gesundheit und Glück sehen können, dann werden wir mit Sicherheit dieses erleben.

Beginne, Dich selbst — ungeachtet Deiner gegenwärtigen Gewohnheiten und Einstellungen — als der strahlende und erfüllte Mensch zu sehen, zu dem Du bestimmt bist. Aus Deinem eigenen Bewußtsein heraus wird sich, in Einklang mit den natürlichen Gesetzen des Universums, die vollkommene Erfüllung Deiner Bestimmung entfalten.

Wohl dem Mann, der nicht dem Rat der Gottlosen folgt, der nicht auf dem Weg der Sünder geht, nicht im Kreis der Spötter sitzt, sondern Freude hat an der Weisung des Herrn, über seine Weisung nachsinnt bei Tag und bei Nacht.

Er ist wie ein Baum, der an Wasserbächen gepflanzt ist, der zur rechten Zeit seine Frucht bringt und dessen Blätter nicht welken.

Alles was er tut, wird ihm gut gelingen.

Psalmen 1, 1-3

VI

Weiterführende Meditationsmethoden

Wenn Du eine Zeitlang meditiert und einen gewissen Grad an Fertigkeit im Ausüben der Meditation erlangt hast, kannst Du erwägen, einige andere Techniken und Verfahrensweisen anzuwenden, die in diesem Kapitel beschrieben werden.

Falls Du ein neu Meditierender bist, dann wende die in Kapitel II beschriebenen Verfahrensweisen mehrere Monate lang an, bis Du in der Ausübung gefestigt bist. Begehe nicht den Fehler zu glauben, daß fortgeschrittenere Verfahrensweisen Ergebnisse bringen werden, wenn Du Dich noch nicht vorbereitet hast, indem Du zu einem gewissen Grade die vorhergehenden Methoden gemeistert hast. Es ist wichtig, daß Du damit vertraut wirst, wie es sich anfühlt, sich zu entspannen und sich mit inneren Zuständen wohlzufühlen, die Du während der anfänglichen Phasen des Meditationsvorganges erfährst. Gib Dir selbst die Gelegenheit, den größten Nutzen aus den vorhergehenden Verfahrensweisen zu ziehen, bevor Du zu subtileren übergehst. Durch Mantra-Meditation allein ist es zum Beispiel möglich, Überbewußtsein und allen sich daraus ergebenden Nutzen zu erfahren. Der Schlüssel zum Erfolg besteht darin, daß wir uns dem Prozeß hingeben und daß wir die Aufmerksamkeit völlig zur Quelle, zum Feld reinen Bewußtseins, fließen lassen.

Gleiche den Fluß der Lebenskraft durch wechselseitige Nasenatmung aus

Dies ist eine Übung, die selbst Anfänger mit Gewinn praktizieren können. Vor dem Meditieren, nachdem Du Dich dazu hingesetzt hast, lege den Daumen und die Finger Deiner Hand an die Nase. Halte das rechte Nasenloch zu und atme tief (übertreibe aber nicht) durch das linke Nasenloch ein... halte den Atem einen Moment an... schließe das linke Nasenloch und atme durch das rechte wieder aus. Kehre den Vorgang nun um, indem Du durch das rechte Nasenloch einatmest und durch das linke wieder ausatmest. Praktiziere die wechselseitige Nasenatmung einige Minuten lang.

Denke daran, dabei ein bißchen tiefer einzuatmen als gewöhnlich, aber ohne Dich anzustrengen. Halte nach jeder Ein- und Ausatmung einen Moment inne. Eine einfache Verfahrensweise ist, die ganze Übungsfolge zehn Tage lang zehnmal pro Sitzung auszuführen und dann die Anzahl auf fünfzehn- oder zwanzigmal zu steigern. Es ist nicht nötig, nach einer hohen Anzahl von Wiederholungen zu streben; fahre mit der Übung einfach nur sanft und auf natürliche Weise für einige Minuten fort, bis Du Dich in Deiner Mitte und *ausgeglichen* fühlst.

Diese Übung ist ein Pranayama, ein Verfahren, um die Lebenskraft zu regulieren. Es hilft, die Ströme feinstofflicher Lebenskraft im Körper auszugleichen, und beruhigt das Gemüt. Außerdem wird aufgrund des leicht tieferen Einatmens eine zusätzliche Menge an Sauerstoff zugeführt.

Während Du die Übung ausführst, schließe Deine Augen und bereite Dich darauf vor, als idealen Beginn der Meditation Deine Aufmerksamkeit nach innen fließen zu lassen.

Lasse die Meditation sanft und natürlich vonstatten gehen

Wenn Du in Deiner gewohnten, bequemen Meditationshaltung sitzt, wende Dich nach innen und praktiziere das Verfahren, das Du für Dich als nützlich befunden hast. Zu diesem Zeitpunkt möchtest Du vielleicht beten oder Dein Gemüt und Bewußtsein für die unbegrenzte Wirklichkeit Gottes öffnen. Fühle, daß sich der unendliche Bereich des Bewußtseins um Dich herum und in Dir befindet und daß Du ein Punkt des Gewahrseins in diesem Ozean des Bewußtseins bist.

Während sich Deine Aufmerksamkeit mehr verinnerlicht, beginnst du vielleicht feinstoffliche Töne im inneren Ohr zu hören. Die Töne können in einem Ohr stärker als im anderen sein, oder sie können in beiden Ohren gleich stark sein. Tatsächlich ist in den Kanälen des Ohres infolge von Luftschwingungen immer irgendein Ton wahrnehmbar, den wir aber gewöhnlich nicht bemerken. Lausche diesem Ton. Am Anfang magst Du nur die Töne hören, die durch Luftschwingungen verursacht werden. Dann wirst Du andere Töne hören, vielleicht einen hoch klingenden Ton oder einen gleichmäßigen, „gehaltvolleren" Ton. Oder Du magst ein Gemisch von feinen Tönen hören. Diese anfänglichen Töne sind nur Frequenzen von Körperenergien, das heißt von Strömen und Elektrizitäten im Körper. Schließlich wirst Du ein gleichbleibendes „Brausen" hören; dies kannst Du als Mantra benutzen, dem Du lauschst, in welchem Du Dich auflöst und das Du schließlich überschreitest.

Der Schlüssel zum Erfolg beim Anwenden dieser Technik besteht darin, sich auf den anfänglichen Ton oder die Töne zu konzentrieren und sanft zu versuchen, hinter diesen Tönen feinstoffliche Töne und hinter den feinstofflichen noch feinere Töne wahrzunehmen. Auf diese Weise wird Deine Aufmerksamkeit tiefer in die Meditation geleitet werden.

Töne müssen einen Ursprung haben; versuche also diesen Ursprung zu finden, indem Du den Tonstrom zu seinem Anfangspunkt zurückverfolgst. Lasse Deinen inneren Blick dabei weiterhin durch das spirituelle Auge fließen. Verweile, während du übst, mit Deinem Gefühl im oberen Teil des Gehirns und leicht über dem Kopf.

Sieh ins spirituelle Auge, lausche dem Ton und versuche mit sanfter Absicht, „hinter" den Ton, den Du hörst, zu gelangen. Tue dies in dem Wissen, daß sich hinter ihm das Feld reinen Gewahrseins, das Feld der Tonlosigkeit, der Bereich reinen Seins befindet.

Einige Meditationstraditionen halten dies für die höchste und effektivste Meditationstechnik, die es gibt. Nach allen vorhergehenden Verfahren können wir uns in Ton und Licht auflösen und die Aufmerksamkeit zur Quelle fließen lassen.

Erfahre kosmisches Bewußtsein durch Kontemplation des inneren Tones

Fühle, während Du nach dem Meditieren noch des inneren Tones gewahr bist, daß dieser (welche Frequenz Du auch hörst) ein Aspekt des ursprünglichen kosmischen Tones ist, des schöpferischen Stromes, der das Universum durchdringt und aus dem alle Tonfrequenzen hervorgehen und in welchem sie sich wieder auflösen.

Laß sich Dein Gewahrsein im Ton erweitern und fühle dabei, daß Du Dich über Deinen Körper hinaus erweiterst, über den Raum, in dem Du sitzt, über das Gebäude, die Nachbarschaft, den Ort hinaus. Erweitere Dich als Bewußtsein weiter, bis das Sonnensystem, dann unser Sternensystem und schließlich alle Sternensysteme im Universum in Dir enthalten sind. Natürlich wenden wir bei diesem Verfahren unsere Vorstellungskraft sanft an, aber es kann Dir dabei helfen, zu einer kosmischeren Beziehung mit dem Leben zu erwachen. Ruhe so lange in diesem inneren Zustand der Erweiterung, bis Du aus der Meditation auf natürliche Weise herauskommst.

Bewege Dich aufwärts durch die Zentren des Bewußtseins

Entlang dem Rückenmarkskanal, von seiner Unterseite aufwärts bis zum Gehirn, befinden sich Zentren des Bewußtseins. Diese Zentren nennt man Chakren. Sie sind Verteilerpunkte, durch die Lebenskraft vom Gehirn in den Körper fließt, um ihn zu nähren.

Beim Meditieren ist es hilfreich, wenn wir über das Körperbewußtsein hinausgelangen, und die hier beschriebene Methode kann uns dabei helfen. Nachdem Du in Deiner Meditationshaltung zur Ruhe gekommen bist, sieh nach innen und beginne zu meditieren, um Dich zu entspannen und innerlich ruhig zu werden. Dann, während Du ins spirituelle Auge blickst, *fühle* das unterste Zentrum (Wurzelchakra) am unteren Ende der Wirbelsäule. Nun bringe Dein *Gefühl* höher zum Zentrum im Kreuz (Kreuzbeinchakra). Ruhe für einige Augenblicke. Dann bringe Dein Gefühl weiter aufwärts zu dem Zentrum in der Wirbelsäule, das sich gegenüber dem Sonnengeflecht befindet

(Solar-Plexus-Chakra). Ruhe wieder für einige Augenblicke. Verfahre weiterhin in dieser Weise, indem Du aufwärtsfließt, durch das Zentrum in der Wirbelsäule zwischen den Schulterblättern (Herzchakra), durch das Zentrum im Rückenmarkskanal, das sich auf der gegenüberliegenden Seite des Kehlkopfes befindet (Halschakra), durch das spirituelle Auge, bis ins Scheitelchakra. Nun befindet sich Dein Gewahrsein im Scheitelchakra (im oberen Teil des Gehirns) und fließt ins spirituelle Auge.

Du kannst nun entweder die Meditation sich auf natürliche Weise entfalten lassen und mit ihr fließen, oder Du kannst gezielt dem inneren Ton lauschen und Dich in ihm auflösen. Lasse Dich von Deiner Intuition führen. Oder lasse Deine Meditation durch die Dir innewohnende Intelligenz geleitet werden, die den Vorgang zu führen weiß.

Als Folge regelmäßiger Anwendung dieser Meditationstechnik wirst Du früher oder später eine wachsende Belebung im Rückenmarkskanal bemerken. Dies wird Dich befähigen, leichter in Deiner Mitte verankert zu sein, während Du Deine täglichen Aufgaben erledigst, und Du wirst imstande sein, schneller und leichter in die Meditation zu fließen, wann immer Du Dich zum Üben hinsetzt.

Diese Meditationstechniken gehören zu den nützlichsten Techniken, die uns Kontrolle über Bewußtseinszustände verleihen.

Lenken der Lebenskraft verleiht uns Kontrolle über innere Zustände

Der Durchschnittsmensch hat wenig oder keine Kontrolle über seine Bewußtseinszustände. Eine Zeitlang ist er verhältnismäßig klar und glücklich, wird dann aber von Launen und unerwünschten Gefühlen mitgerissen. Seine Bewußtseinszustände sind zum größten Teil durch seine Reaktionen auf Vorkommnisse in seiner Umgebung bestimmt oder durch Dränge und Neigungen, die in tieferen Gemütsebenen verwurzelt sind. Anstatt Meister seiner Bewußtseinszustände zu sein, sind seine Bewußtseinszustände Auswirkungen von inneren und äußeren Kräften und Reizen.

Indem wir bewußt unsere Bewußtseinszustände regulieren, lernen wir, Kontrolle über sie zu haben. Durch die verlangsamte und verfeinerte Atemtätigkeit während der Meditation erfahren wir einen natürlichen, ruhigen Zustand, weil Gefühle und Gedankentätigkeit zur Ruhe gekommen sind. Dies gibt uns Gelegenheit, den Wandel unserer Bewußtseinszustände zu beobachten und zu lernen, sie willentlich zu regulieren.

Anstatt gegen aufkommende Gefühle und rastlose Gedankenmuster anzukämpfen, brauchen wir nur still zu werden, uns wach nach innen zu wenden und zu meditieren. Während wir richtig üben, vermindert sich unser Atembedürfnis, weil sich der Sauerstoffbedarf verringert und der Anfall von Kohlendioxyd als Abfallprodukt abnimmt. Dann verlangsamt sich die Atemtätigkeit von allein. Von uns aus gibt es kein Bemühen, die Verlangsamung des Atemrhythmus' zu erzwingen. Die Körpertemperatur fällt leicht, Stoffwechselvorgänge verlangsamen sich, und der Körper erfährt tiefe Ruhe. Lebenskraft und Bewußtsein werden von der Identifikation mit dem Körper und von emotionalen und mentalen Vorgängen befreit. Die Meditation fließt mit Leichtigkeit, während das innere Gewahrsein klar bleibt.

Selbst während tiefer Meditation kann die Konzentration durch Regungen gestört werden, die aus dem Unbewußten durchsickern. Diese Regungen sind natürliche Neigungen, die nach Ausdruck streben. Mit der Zeit werden sie ruhig bleiben und sich nur zum Ausdruck bringen, wenn wir uns nach der Meditation wieder mit äußeren Dingen beschäftigen.

Der Einfluß dieser feinstofflichen Regungen kann während der Stunden, in denen wir aktiv sind, geregelte Gedankenvorgänge beeinträchtigen. Als Folge häufigen Meditierens jedoch wird das Gemüt von den zerstörerischen oder nicht nützlichen Regungen gereinigt, so daß nur konstruktive Regungen im Gemüt vorhanden sind. Dadurch sind wir fähig, ein wahrhaft schöpferisches und zielbewußtes Leben mit minimaler Anstrengung zu führen.

Anhaltendes Überbewußtsein während und nach der Meditation

Wenn der Meditierende lernt, während Gelegenheiten der Kontemplation mit Leichtigkeit Überbewußtsein zu erfahren, kann er mit der Übung das überbewußte Gewahrsein beibehalten, ohne daß er meditiert, selbst beim Denken, im Umgang mit anderen und bei der Arbeit. Dies hat keinen „überirdischen“ mentalen Zustand zur Folge; im Gegenteil, daraus resultiert, daß wir zu jeder Zeit voll bewußt sind, mit wachsendem Gewahrsein unserer Einheit mit der gesamten Natur.

Es wird die Zeit kommen, da der Meditierende sogar bewußten Schlaf, falls er dies wünscht, und Perioden klaren Träumens erleben wird. Er wird dann imstande sein, Traumzustände und Wachzustände miteinander zu vergleichen, und er wird ihre Gleichartigkeit erkennen — nämlich daß der gewöhnliche Wachzustand im Vergleich zum Überbewußtsein tatsächlich für die meisten Menschen ein traumähnlicher Zustand ist.

Der Nutzen gelegentlicher Abgeschiedenheit, und wie Du dabei verfahren solltest

Allen Menschen kann ein gelegentliches Sichzurückziehen vom gewöhnlichen Alltagsleben guttun. Besonders sollten fortgeschrittene Meditierende solche Zeiten für sich einplanen. Dies kann zu jeder beliebigen Zeit und an einem ruhigen und abgeschiedenen Ort stattfinden. Hier solltest Du mehr Zeit für Studium der Schriften und längere Meditation aufbringen. Du kannst lange Spaziergänge machen, während denen Du Dir Gelegenheit gibst, Dich in Einklang mit der Natur und dem Universum zu fühlen.

Selbst wenn wir zu Hause regelmäßig meditieren, werden wir oft gezwungenermaßen von Umständen in Anspruch genommen, die manchmal die erforderlichen tieferen Perioden der Kontemplation stören. Sich für einige Tage oder auch ein oder zwei Wochen zurückzuziehen, kann dem Meditierenden großen Nutzen bringen, weil es ihm erlaubt, für das Leben vollkommen und ohne jegliche Unterbrechung offen zu sein. Eine gelungene Zeit der Zurückgezogenheit können wir allein oder mit unserem Partner oder einem zu uns passenden Freund erfahren, der ebenfalls meditiert und keines sozialen und emotionalen Rückhaltes bedarf.

Während dieser Zeit sollte sich unsere Ernährung auf reine Nahrung beschränken, und alles in unserer Umgebung sollte den Zweck unserer Zurückgezogenheit vollkommen unterstützen.

Zu anderen Zeiten können wir eine persönliche „Abgeschiedenheit" bei uns zu Hause einplanen und mehrere Stunden oder ein ganzes Wochenende zum Zwecke ruhiger Kontemplation und ausgedehnter Meditation erübrigen. Dies ist besonders nützlich, falls Dein Tagesplan so dicht gedrängt ist, daß Du oftmals unter Zeitdruck stehst und deswegen nicht immer so viel meditieren und kontemplieren kannst, wie Du gerne würdest oder solltest.

Öffne Dich dem unterstützenden Einfluß der Natur

Die Welt, in der wir leben, ist Bewußtsein, das sich als die Welt manifestiert. Lerne zu allen Zeiten, für das Universum und für den tragenden Einfluß der Natur offen zu sein. Dein Nervensystem und Körper sind aus der Substanz der Natur zusammengesetzt, und um in Harmonie mit der Welt zu leben, müssen wir auf die Natur eingestimmt sein. Fühle, wie das göttliche Leben in allem um Dich herum pulsiert. Spüre, wie die göttliche Intelligenz alle natürlichen Vorgänge sowie Dein Leben leitet. Sieh alle Menschen als Ausdruck des einen Lebens. In allem, was Du tust, wohin Du auch gehst, erfahre hinter Deinen Gefühlen, hinter den Vorgängen Deines Gemüts, die sich nie verändernde Wirklichkeit Deines ewigen Wesens.

Ich verließ meinen Freund, ging gerade langsam nach Hause und erfreute mich der ruhigen Schönheit des Abends, als ich einer unaussprechlichen Stille gewahr wurde, und gleichzeitig wurde alles um mich herum in ein weiches Licht getaucht, das klarer und ätherischer war, als ich jemals vorher gesehen hatte. Dann flüsterte eine Stimme in meiner Seele: „Gott ist alles. Er ist nicht im weitentfernten Himmel; er ist hier. Dieses Gras unter Deinen Füßen ist er; diese wunderbare Ernte, dieser blaue Himmel, diese Rosen in Deiner Hand — Du selbst bist vollkommen eins mit ihm. Alles ist für immer gut, denn es gibt keinen Ort und keine Zeit, wo Gott nicht ist." Dann erzitterten und vibrierten die Erde, die Luft und der Himmel in einem Klang...

Ein Erleuchtungserlebnis einer Frau, nur bekannt unter C.Y.E., das sie mit ihren eigenen Worten beschreibt.

VII

Die Welt kann durch Dich gesegnet werden

Du bist für die Gesundheit und das Wohlergehen der Welt wichtig, und ich hoffe, Du weißt dies und bekennst Dich zu dieser verantwortungsvollen Rolle. Ganz gleich, wer Du bist, wo Du auf dem Planeten Erde lebst, welches Deine Vorgeschichte ist, welchen kulturellen Hintergrund, welche Hautfarbe Du hast, welche Art der religiösen Verehrung Du bevorzugst, welchen Beruf Du ausübst — Du bist innerlich ein guter Mensch, und die Welt kann durch Dich gesegnet werden.

Sei Dir darüber im klaren, wie wichtig Du für den Prozeß der Evolution bist. Sei gewahr, wie Du Deine Welt betrachtest und wie Du auf Deine Familie, Deine Freunde und Kollegen einwirkst und sie beeinflußt. Jeder konstruktive Gedanke, den Du denkst, jedes positive Gefühl, das Du hast, kommt anderen zugute und trägt zur Klarheit des Gesamtbewußtseins bei. Darüber hinaus erstreckt sich Dein schweigender Einfluß bis zu den kleinsten Einheiten der Materie und zu den Vorgängen in den Universen, die sich jenseits der fernsten Galaxie befinden. Du spürst kein Gefühl und denkst keinen Gedanken, ob bewußt oder unbemerkt, ohne daß die Welt beeinflußt wird. Selbst das elektromagnetische Feld, das Deinen Körper umgibt, reagiert jedesmal, wenn Du mit den Augen blinzelst oder einen Muskel bewegst.

Wenn Du glücklich bist, wird die Welt glücklicher. Wenn Du bedrückt bist, reagiert das Bewußtsein der Welt in abgeschwächter Form auf Deine Stimmung. Wenn Du verwirrt bist, treten im Gesamtbewußtsein Konflikte auf. Wenn Du erleuchteter bist, wird die Welt durch das, was Du ihr mitteilst, erhellt.

Ich könnte tausend oder mehr Quellen anführen, um dieses Thema zu unterstreichen. Dann würde ich nur das wiederholen, was andere so viele Male vorher so gut gesagt haben — und was andere in Zukunft immer und immer wieder sagen werden: Kein Mensch ist eine Insel... Wir sind alle eine Familie... Das Leben ist ein ununterbrochener Prozeß, ein organisches Ganzes... Es fällt kein Spatz vom Himmel, ohne daß Gott es weiß... Wo und wann immer mangelnde Rechtschaffenheit die Oberhand zu gewinnen droht, schreiten göttliche Kräfte ein, um die Tugenden wiederherzustellen. Es ist nicht wichtig, wer dies sagt, denn alle diese Äußerungen werden von der Intelligenz erweckt, die den gesamten Lebensprozeß trägt. Manchmal fließen die Worte, als seien sie auf Musik abgestimmt, zu anderen Zeiten sind sie in ihrer Kürze fast hart, aber es ist immer die eine innere Natur, die spricht und die eine innere Natur, die zuhört. Hörst Du zu? Höre auf den Ruf, und Deine Antwort wird zu Schönheit und Harmonie beitragen.

Wenn all diese Dinge vorher gesagt worden sind und noch unzählige Male in der Zukunft ausgesprochen sein werden, warum sagen wir sie dann jetzt? Weil die Worte frisch sind, als seien sie neu, wenn die Wahrheit neu formuliert wird; sie sind dann in einer Weise geäußert, die menschlichen Bedürfnissen begegnen kann. Und wie oft müssen wir an das Offensichtliche erinnert werden, bis der Geist im Innern zu einem leuchtenden Feuer entflammt! Einige wenige Hammerschläge mögen das Metall nicht genügend erhitzen, um es formen zu können, aber bei fortdauernder Bearbeitung wird es schließlich so geschmeidig, daß der Arbeiter seine Arbeit mit idealem Endergebnis abschließen kann. Wir können nicht mit Sicherheit wissen, welcher Hammerschlag die größte Wirkung hatte, als das formlose Metall zu vollendeter Kunst wurde. Wir können für uns selbst nicht wissen, welches Wort, welches Gefühl, welches erleuchtete Offenbarungserlebnis oder welche kleine Einsicht unserem Leben ein ganz anderes Gesicht gab und sich in die Welt erstreckte. Aber wir fahren auf unserem Weg des Erwachens bis zur Vollendung fort, weil wir dies müssen.

Nie wird es nochmal einen Menschen geben, der genauso ist wie Du. Als Du in die Welt kamst, geschah etwas Einzigartiges. Niemand hat jemals Deine Gedanken gedacht, kein Mensch hat jemals Deine Gefühle gehabt, Deine Träume geträumt oder so auf das Leben geantwortet, wie Du es getan hast. Nichts, was Du jemals getan hast oder tun wirst, kann von einem anderen wiederholt werden.

Ist Dir bewußt, was für ein ganz besonderer Mensch Du bist? Vom größeren Leben kamst Du zu einem bestimmten Zweck hierher. Dein Weg ist geheim, nur Dir und Gott ist er bekannt. Falls Du zu Deiner Lebensbestimmung erwacht bist (falls Du es nicht bist, wird dies noch geschehen), dann weiche nicht von ihr ab. Dein Weg wird Dir durch die Gnade offensichtlich gemacht werden. Es ist gut, die lobende Anerkennung der anderen zu haben; noch besser ist es jedoch, inneres Seelengewahrsein zu haben und zu wissen, wo sich Dein richtiger Platz im sich entfaltenden Schauspiel der Schöpfung befindet. Fühle Dich gut mit Dir selbst, während Du Deinem festgesetzten Tagesablauf nachgehst. Dann lebst Du mit Kraft, mit Gewißheit und mit Liebe.

Wenn Du nicht in diese Welt geboren worden wärest, dann wäre sie nicht, wie sie ist, denn Dein Dasein hat in ihr einen Unterschied gemacht. Dein Dasein wird weiterhin einen Unterschied machen, während Du damit fortfährst, Dich in Richtung von vollkommenem Wissen und Wahrheit zu entfalten. Welche Art von Unterschied würdest Du in Zukunft in der Welt gerne machen? Stelle Dir selbst diese Frage und warte geduldig auf die Antwort. Sie wird ganz gewiß mit befreiender Klarheit in Deinem Gemüt auftauchen.

Was Du getan hast, ist getan, und was Du in Beziehung zu Deiner erwachenden Welt sein wirst, wird durch Deine Bewußtseinszustände und durch Deine Empfänglichkeit für den einen Einfluß, der uns alle erhält, bestimmt werden.

EPILOG

Das Neue Zeitalter:
Epoche großer Gelegenheiten
und Aufruf
zu persönlicher Verantwortlichkeit

Da unendliches Potential in Bewußtsein ruht, kommt der natürliche Drang nach Ausdruck dieses innewohnenden Potentials immer dann zum Vorschein, wenn ihm dazu die Gelegenheit gegeben wird. Das, was innewohnt, ist das, was bereits innen vorhanden ist, das, womit Bewußtsein (von sich selbst aus) ausgestattet ist. In der gesamten Natur können wir das Hervorkommen innewohnender Fähigkeiten beobachten, von der einfachsten Lebensform bis zum Menschen, dem höchstentwickelten Lebewesen auf dem Planeten. Im Menschen ist das Nervensystem am vielschichtigsten und in hohem Maße verfeinert, und es ist der Mensch, durch den sich der gesamte Bereich göttlicher Fähigkeiten ausdrücken kann. Unter allen Lebensformen in der Natur ist allein der Mensch fähig, völlige Erleuchtung zu erfahren — das Vermögen, die volle Wahrheit über das Leben und die Vorgänge in der Schöpfung zu erkennen.

Das Leben ist ein ununterbrochener Vorgang, *eine einzige Substanz*, auch wenn unsere relativen Wahrnehmungen uns an Getrenntheit und Unterschiede glauben lassen mögen. Unsere begrenzte Wahrnehmungsfähigkeit erlaubt uns gewöhnlicherweise nicht, die wahre Ordnung der Dinge zu erkennen. Bis das innere Auge der Unterscheidung geöffnet ist, neigen wir dazu, nur Bruchstücke des Ganzen zu sehen, das Äußere, aber nicht das Innere, das objektive Universum, aber nicht den subjektiven Bereich der Ursache, welcher der Ursprung und die tragende Kraft der äußeren Welt ist.

Heute jedoch ist es nichts Ungewöhnliches mehr, in der weltlichen Presse Artikel über Physiker zu lesen, die gerade zu dem Schluß kommen, daß das Universum, von dem man annimmt, daß es fünfzehn Milliarden Jahre alt ist, anscheinend aus einer einzelnen ursprünglichen Kraft hervorgegangen ist, und daß alle anderen „Kräfte“ in der Natur nur Aspekte dieser einen Kraft sind. Wir erinnern uns dabei an die eröffnenden Verse des Johannes-Evangeliums 1,1: „Am Anfang war das Wort, und das Wort war bei Gott, und das Wort war Gott.“ Und in Vers 3 lesen wir: „Alles ist durch das Wort geworden, und ohne das Wort wurde nichts, was geworden ist.“ Hier finden wir es bestätigt, und so haben Wissenschaftler und Seher schließlich eine gemeinsame Grundlage, auf der sie sich treffen und ihre Suche nach Wissen fortführen können.

Zu erklären, daß in der Natur Einheit besteht, bedeutet natürlich nicht, direkt vollständiges Wissen über die Natur des Bewußtseins zu besitzen, aber es ist ein Anfang. Wenigstens wissen wir, wo wir suchen und was wir erforschen müssen. Danach werden wir lernen müssen, *wie* die Natur des Bewußtseins zu untersuchen ist. Zu diesem Zwecke ist Meditation nützlich, da wir durch sie unser wahres Wesen als reines Gewahrsein, als der Wahrnehmende, erfahren können.

Wenn wir verstehen, daß wir erkennen können, weil wir die Wahrnehmenden sind, dann können wir herausfinden, wie wir erkennen können, und das vorher Unbekannte wird klar. Auf diese Weise stellt sich Erleuchtung ein.

Zu behaupten, daß wir nicht erkennen können, daß der Mensch nie zu Erkenntnis bestimmt war, ist eine pseudo-intellektuelle Meinung, die in Unwissenheit wurzelt. Und es ist für uns nützlich, die Tatsache anzunehmen, daß wir unwissend sind, bis wir wahre Erkenntnis besitzen. Ehrliche Selbsteinschätzung ist der Anfang von Wachstum. Wissen wir erst einmal, daß wir nicht wissen, aber wissen können, nehmen wir eine Haltung des Lernens ein; diese Haltung ist erforderlich, um uns auf Erkenntnis vorzubereiten.

Wie tun wir dies am besten? Es gibt eine altehrwürdige Methode, nämlich die, zu jenen Menschen zu gehen, die uns sagen, daß sie wissen und sie zu bitten, uns den Weg zu innerem Wissen zu zeigen. Aber es genügt nicht zu bitten oder ein bißchen davon zu lernen, was sie zu wissen behaupten. Mit allem Eifer müssen wir uns dem Lernen widmen und das Gelernte im Feuer unserer täglichen Erfahrungen erproben, bis wir für uns selbst die Richtigkeit der Prinzipien bestätigt haben. Nur dann können wir wahrhaft wissen, und nur dann können wir danach leben und mit Autorität darüber sprechen.

Diesen Weg sind im Laufe der Jahrhunderte alle aufrichtig Suchenden gegangen. Seher haben wenig Geduld mit neu Suchenden, die damit zufrieden scheinen, Antworten auf ihre Fragen zu bekommen und dann die Lehren annehmen, ohne sie weiterzuverfolgen, um sie für sich selbst zu erproben und zu bestätigen. Mit Vertrauen anzunehmen, was ein kenntnisreicher Mensch uns lehrt, kann ein Anfang sein, denn wir müssen ja irgendwo beginnen. Bloßer Glaube jedoch ist keine Erkenntnis, und es ist allein die Erkenntnis der Wahrheit, die die Seele befreit.

Wir haben an früherer Stelle im Text gesagt, daß Meditation für Menschen aus allen Lebensbereichen und für verschiedene Zwecke nützlich sein kann. Dies ist wahr, denn selbst jene, die sich in der Praxis der Meditation üben, um ihre Gesundheit und Funktionstüchtigkeit zu verbessern, werden mit der Zeit innere Umwandlung und schließliche Erleuchtung erfahren. Aber das Neue Zeitalter, die Epoche, die bereits angebrochen ist, ist *eine Zeit großer Gelegenheiten und ein Aufruf zu persönlicher Verantwortlichkeit* für die wenigen, die bereit sind, ihre Energien auf die Entfaltung angeborener Fähigkeiten zu konzentrieren, um bewußt zum gesamten Wohl aller Lebewesen beizutragen.

Die exoterische, die äußere Lehre, ist für die Mehrzahl der Menschen bestimmt, für jene, die zum größten Teil noch in oberflächliche Angelegenheiten verstrickt sind und die ihren menschlichen Zustand verbessern und ein angenehmeres Leben in den Jahren führen möchten, die ihnen im gegenwärtigen Leben noch bleiben. Die esoterische, die innere Lehre, ist für die wenigen Menschen, die mehr aus dem Seelengewahrsein leben, für jene, die nicht damit zufrieden sind, die Herausforderung einer sich schnell ändernden Welt bloß zu überstehen, sondern die mutiger, entschlossener und zu größerer Eigenverantwortlichkeit bereit sind, um Endergebnisse sicherzustellen.

Für die Letzteren wird jeder Tag eine Gelegenheit zum Entdecken sein. Jeder Moment wird ein Augenblick gesteigerten Gewahrseins und erweiterter Erkenntnis sein. Für sie wird die „alte Ordnung" vergehen, und eine ideale Welt wird sich im Verhältnis zu ihrer Fähigkeit, diese wahrzunehmen und innerlich anzunehmen, entfalten.

Es wäre töricht zu behaupten, daß der „Himmel auf Erden" nur einige Jahre oder Jahrzehnte vor uns liegt, denn dies ist nicht so. Das wahre Zeitalter der Erleuchtung liegt ein paar Tausend Jahre in der Zukunft, aber zwischen jetzt und diesem Zeitpunkt in der Zukunft wird das Licht heller und heller werden. Vor ungefähr zweihundert Jahren begannen im planetarischen Gesamtbewußtsein dramatische Veränderungen einzutreten, und dieser Prozeß wird nun beschleunigt. Was sich im Laufe der kommenden Jahrzehnte entfalten wird, wird die bisherigen Entwicklungen weit übertreffen, und viele, die diese Worte nun lesen, werden hier sein und es miterleben. Unsere Kinder und deren Kinder werden in einer Welt leben, die viel harmonischer ist als jene, die die meisten Menschen heute erfahren.

Zur Zeit der Entstehung dieser Abhandlung bevölkern gut über fünf Milliarden Menschen die Erde, und es wird erwartet, daß sich in wenigen Jahrzehnten weitere Milliarden die Naturreichtümer unseres Planeten teilen werden. Beunruhigt Dich diese Aussicht? Das muß nicht sein, denn es gibt eine Intelligenz, die den Lebensprozeß leitet, und sie wird für angemessene Ergebnisse sorgen. Jährlich werden viele Millionen Seelen in diese Welt geboren, und fast genauso viele gehen von dieser in feinstoffliche Bereiche über. Im unendlichen, unbegrenzten Ozean des Bewußtseins streben Billionen Seelen nach Erfüllung ihrer Bestimmung, wobei die meisten von ihnen höhere Möglichkeiten oder die Tatsache vergessen haben, daß Wissen und Seelenfreiheit für sie verfügbar sind. Nur einige wenige unter den vielen denken gerade einmal über den Sinn des Lebens nach, und nur ein geringer Prozentsatz dieser wenigen unternehmen etwas, um ihre Lebensumstände zu verbessern.

Wie steht es mit *Dir*? Meinst Du es ehrlich mit Deinem Engagement im Prozeß des Erwachens? Bist Du eifrig auf dem Pfad schließlicher

Freiheit in Gott? Wenn Du es bist, und ich hoffe, dies ist so, dann ist genau dieser Moment der richtige Zeitpunkt, um Entscheidungen zu treffen, die weitreichende Auswirkungen zur Folge haben werden. Um Deine Seelenbestimmung zu erfüllen, wirst Du zum Lernen bereit sein müssen und darüber hinaus gewillt, Dich vollkommen der Neigung des Universums hinzugeben, die nach Vollendung strebt. Diese Neigung des Lebens zu kennen, heißt den Willen Gottes zu kennen. An diesem Prozeß ohne Vorbehalte teilzuhaben, heißt den Willen Gottes *zu tun.*

Kontempliere über den gesamten Bereich des Bewußtseins und erlange Erkenntnis

Bewußtsein ist die einzige Wirklichkeit. Es ist das einzige Leben, Sein und die einzige Substanz. Es kann erkannt und erfahren werden, und wenn dies geschieht, ist der Zweck unseres Wirkens in der Natur erfüllt. Reines Bewußtsein existiert aus sich selbst und benötigt nichts Äußeres zur eigenen Aufrechterhaltung. Im Gegenteil, es ist die Substanz aller manifestierten Dinge und erhält diese aufrecht. Ein Aspekt reinen Bewußtseins ist mit Intelligenz ausgestattet und leitet alle Vorgänge in der Natur, wobei die Natur geformtes Bewußtsein ist.

Reines Bewußtsein wird oftmals auch Geist genannt. Wenn es sich anfänglich manifestiert, sich dabei in Richtung der Schöpfung ausdehnt, wird es Gott genannt. Seelen sind individualisierte Ausdrucksformen Gottes, die mit allen Eigenschaften und Merkmalen Gottes ausgestattet sind. Deshalb ist uns grenzenloses Potential angeboren.

Es gibt keine andere Kraft im Universum, keine böse Intelligenz, die sich mit dem Willen des Schöpfers im Widerstreit befindet. Das Universum ist ein Zusammenspiel kosmischer Kräfte, und sie allein sind für den Tanz der Schöpfung verantwortlich.

Drei grundlegende Eigenschaften durchdringen und beeinflussen das Universum, vom Bereich Gottes bis zur vollständigen Manifestation. Reines Bewußtsein ist frei von Eigenschaften, es beeinflußt aber die

Schöpfung und die Evolution — das Aussenden und Zurückziehen von sich selbst, wodurch das Hervorbringen der Schöpfung, beziehungsweise deren Manifestation und Auflösung verursacht wird.

Die Universen, so sagen die Seher, sind aufgrund „zweckloser Notwendigkeit" manifestiert. Zwecklos deshalb, weil es für Bewußtsein nicht nötig ist, sich selbst durch Erschaffung der Welten zu verbessern. Notwendigkeit deshalb, weil es in der Natur des Bewußtseins liegt, die äußeren Bereiche aus sich selbst auszudehnen und wieder zusammenzuziehen. Diesen Vorgang werden wir durch logisches Folgern nie verstehen, weil Folgern von Erinnerung abhängig ist, die auf vorhergehenden Erfahrungen basiert; er kann aber durch intuitive Einsicht, durch direkte innere Offenbarung erkannt werden, die das Herz bzw. die Seelennatur befriedigt.

Nur die Mutigen und die Hingegebenen können den Bereich reinen Wissens erreichen, weil es das Aufgeben von Konzepten, Meinungen, Überzeugungen und Verhaftungen erfordert, die im Augenblick des Entdeckens nicht länger bestehen bleiben können.

Deshalb müssen wir verstehen, daß, während wir meditieren und unser Bestes tun, um in Einklang mit den Zyklen des Universums zu leben, unsere Überzeugungen von Zeit zu Zeit in Frage gestellt werden. Wir werden neue Anfänge erfahren, und die Zeit mag kommen, da alle althergebrachten Grundsätze erschüttert werden. Weiche von Deinem Streben nicht zurück, wenn Du Unsicherheiten oder Herausforderungen erfährst, denn dies war der Weg aller erleuchteten Wesen, die Dir auf der Reise zum Licht vorausgegangen sind.

Während Du fortschreitest, wirst Du erfahren, daß der Weg gerade, schmal und persönlich ist. Im Laufe Deines Lebens wirst Du vielleicht nur wenigen Menschen begegnen, die ebenfalls den Weg kennen, und noch weniger Menschen, die völlige Offenbarung erfahren haben. Laß Dich davon nicht entmutigen. Sieh nicht zurück und irre nicht aufgrund von Furcht oder Schwäche vom Pfade ab. Du bist in die Welt geboren worden, um zu lernen, zu wachsen, zu reifen und als ein erwachtes Wesen in vollem Glanz und Kraft zum Vorschein zu kommen. Dies wird früher oder später Deine Erfahrung sein. Wenn dies so ist, warum dann nicht früher? Warum nicht all der Verwirrung und all den Umständen ein Ende setzen, die dem Herzen Kummer bereiten und das Gemüt in Unruhe versetzen? Wenn Du auch nur einen flüchtigen Einblick davon gewonnen hast, was Dir an Gutem bevorsteht, dann hast Du alles Erforderliche, um in den Prozeß der Umwandlung und der Seelenentfaltung einzutreten, der zu Freiheit führt.

Du brauchst über diese Möglichkeit mit niemand anderem zu sprechen. Wenn andere Deinen Wunsch nicht teilen, werden sie Deinen Traum oder den Mittelpunkt Deines Interesses nicht verstehen. Jene aber, die Deinen Wunsch teilen, werden in ihren eigenen Weg vertieft sein, aber sie werden Dir auf viele Arten ihre schweigende Unterstützung zukommen lassen.

Mache Dich mit den Schriften der Weltreligionen vertraut. In ihnen allen wirst Du die gleiche tiefere Botschaft, den gleichen Aufruf zur Wahrheit, die gleichen grundlegenden Verfahrensweisen finden, die auf die höchste Erkenntnis vorbereiten sollen. Respektiere alle authentischen Wege zur Erleuchtung, während Du dabei Deinem eigenen folgst. Weise nichts zurück, was für höhere Zwecke nützlich ist und nimm nichts an, was Deinem Zweck nicht dienlich ist. Tritt im Äußeren mit Menschen aus allen Lebensbereichen in liebevollem Verständnis in Beziehung; sei innerlich mit den Heiligen und Sehern der Zeitalter verbunden. Trage die Welt als ein loses Gewand, das Dir bequem ist, ohne Dich einzuengen. Lebe in der Gesellschaft, aber sei nicht von ihr — das heißt, sei Umständen nicht verhaftet und lasse nicht zu, daß sie Deine innere Arbeit beeinträchtigen. Wir haben all diese Worte aus guten Gründen bereits vorher gehört, denn es ist wichtig, daß wir sie hören und sie als Richtlinien im Gedächtnis behalten.

Die Beziehung zwischen Seele, Gemüt und Körper

Du bist ein spirituelles Wesen und benutzt Dein Gemüt und Deinen Körper, um Dich mit der manifestierten Welt in Beziehung zu setzen.

Dein innerstes Wesen ist unsterblich; es kann nicht geboren werden, und es kann nicht sterben, denn Du bist Bewußtsein. Das Gemüt, das Du benutzt, ist ein Teil des kosmischen Gemüts, des allgegenwärtigen Gemütes Gottes. Wir sollten es als schöpferisches Werkzeug in Harmonie mit dem kosmischen Gemüt gebrauchen. Ein größeres Problem jedoch ist, daß wir uns von unserem Gemüt oftmals einschränken lassen, weil wir uns zu sehr mit seinem Inhalt identifizieren. Unsere Äußerungen zeigen unser Verstehen oder unseren Mangel daran. Aus innerem Verstehen würden wir sagen: „Ich bin ein spirituelles Wesen, das Gemüt und Körper zielgerichtet benutzt." Mangelt es uns an innerem Verstehen, sagen wir: „Ich bin ein menschliches Wesen und habe eine Seele." Was sagst Du über Dich selbst?

Ein Mensch ist eine harmonische Zusammenstellung aus göttlichem Wesen und aus Gemüt (*human*: Die Silbe *hu* ist ein aus dem Sanskrit stammender altertümlicher Ausdruck für Gott; wörtlich „der Angerufene". Die Silbe *man* kommt ebenfalls aus dem Sanskrit und bedeutet „denkendes Prinzip". Üblicherweise beziehen wir uns jedoch bei dem Wort *human* auf den lateinischen Ausdruck *humus*, welcher „organischer Stoff" bedeutet).

Die Seele, das spirituelle Wesen, existiert vor der körperlichen Geburt und besteht nach dem Tode des Körpers weiter. Alle vernunftbegabten Menschen, als Kinder oder als Erwachsene, erahnen in ruhigen Momenten ihr unsterbliches Wesen und benötigen dazu keinen weiteren Beweis als ihr eigenes intuitives Wissen.

Die Seele verbindet sich anfänglich aufgrund des nach außen fließenden Impulses reinen Bewußtseins mit der Materie. Sobald sie mit der Materie verbunden ist, identifiziert sie sich derart stark mit ihr, daß sie sich selbst irrtümlicherweise für den Aspekt der Materie hält, mit dem sie sich identifiziert. Dies ist die anfängliche Täuschung, das Sichselbstvergessen des Teils des Bewußtseins, der nun als Seele bezeichnet wird. Also ist das einzige Problem die falsche Auffassung über sich selbst, die sich infolge der Unfähigkeit, das wahre Wesen des Seins zu erkennen, einstellt. Wird das Sein erst einmal erfahren, erwachen wir aus dem Irrtum, der eine Folge vorübergehender Unwissenheit ist.

Wenn die Seele das Gemüt benutzt, um mit der Natur in Beziehung zu treten, untersucht sie die Informationen, die dem Gemüt durch die Sinne zugänglich gemacht werden. Sie ist dann nur der objektiven, äußeren Oberfläche der Dinge gewahr und nicht des Bereiches subjektiver Aspekte des Bewußtseins. Deshalb hält der Mensch die materielle Ebene der Schöpfung für das einzig wirklich Existierende und nimmt die innere Seite der Schöpfung nicht wahr.

Durch diesen grundlegenden Fehler in der Wahrnehmung sind alle dann folgenden Beurteilungen ebenfalls unrichtig. Dies ist der Grund, weshalb es keine Möglichkeit dauerhaften Friedens im Gemüt oder innerer Erfüllung gibt, solange unser Verstehen auf nur teilweiser Wahrnehmung gründet. Es ist sehr wohl möglich, genug vom Wesen des materiellen Universums zu verstehen, um zu lernen, verhältnismäßig erfolgreich in ihm zu leben, und sich trotzdem nicht der Tatsache bewußt zu sein, daß unerforschte Bereiche existieren oder daß die Möglichkeit, transzendentales Bewußtsein zu erfahren, immer vorhanden ist. Theoretisch kann ein Mensch in weniger als einem Moment, in der Zeitspanne eines Augenblinzelns (welche in manchen philosophischen Systemen für die kleinste Zeiteinheit gehalten wird), aus dem „Traum der Sterblichkeit" erwachen und anhaltende innere Erkenntnis erfahren: bewußtes Gewahrsein des Selbst (der Seele) als reines Bewußtsein.

Gewöhnlicherweise jedoch verstrickt sich die getäuschte Seele zunehmend mit der Materie und findet entweder in gewissem Maße Gefallen daran, oder sie versucht sich daraus zu befreien. Während sich der Mensch auf der Ebene des Nichtverstehens bewegt, neigt er dazu, sich die falschen Erfahrungen zu wünschen oder auf Umstände emotional zu reagieren. So baut er ein kompliziertes Netz mental-emotionaler Wünsche und Erinnerungen auf, die sein Leben erschweren. Diese Anhäufung von Wünschen und Erinnerungen, die in unbewußten und unterbewußten Gemütsebenen verwurzelt sind, stört den angeborenen Drang, ein freies und spontanes Leben zu führen. Da tiefverwurzelte mental-emotionale Eigenschaften das Gewahrsein und das Verhalten beeinflussen, haben sie eine verursachende Wirkung und dadurch wünschenswerte oder nicht wünschenswerte Auswirkungen zur Folge. All diese Eigenschaften zusammengenommen bilden den karmischen Zustand oder das Karma des Menschen. Alle Wahrnehmungen und Erfahrungen, die wir im objektiven Bereich machen, lassen eine Aufzeichnung, eine Erinnerung, in den tieferen Gemütsschichten zurück. Überbewußte Wahrnehmungen jedoch hinterlassen keine Spur. Stattdessen resultieren sie im Erwachen der Seele und lösen mentale Aufzeichnungen und Bedingtheiten auf.

Dies ist der Grund, warum Meditation für den Menschen auf dem Erleuchtungspfad so nützlich ist. Wiederholte überbewußte Erfahrungen ermöglichen es höheren Einflüssen, den mentalen Bereich zu durchdringen und zerstörerischen und nicht nützlichen Mustern im Gemüt zu widerstehen, sie einzuschränken und schließlich aufzulösen. Selbst fortgeschrittene Meditierende, jene, die fast immer reines Gewahrsein erfahren, sogar dann, wenn sie mit Routinearbeiten beschäftigt sind, sollten weiterhin tief meditieren. Solch tiefes Meditieren klärt mit der Zeit den gesamten Bereich des Gemüts, löst alle Saat der Verursachung auf und ermöglicht es uns, zu allen Zeiten frei und aus der Intuition heraus zu leben.

Einige aus der Geschichte bekannte Heilige, denen offensichtlich die beseligende Gottesschau zuteil wurde, brachten auch Verhaltensweisen und Gedanken zum Ausdruck, die, wenn auch nicht unrealistisch oder aus dem Rahmen fallend, doch zumindest auf eine gewisse Verschrobenheit hindeuteten. Infolge des überwältigenden göttlichen Strahlens in Heiligen wird solch unübliches Verhalten normalerweise nur als seltsam und als ein Anzeichen unserer allgemeinen Gleichheit als Menschen oder als etwas anderes von geringer Wichtigkeit angesehen. Dies heißt aber nicht, daß solche Anzeichen von zurückbleibenden mental-emotionalen Bedingtheiten nötig sind.

Unsere gesamte Ansammlung von mental-emotionalen Bedingtheiten können wir klassifizieren und so gemäß unseren Bedürfnissen und persönlichen Neigungen mit ihnen umgehen. Anhaltende Wünsche, Triebe, starke Gefühle und Reaktionsmuster, die unser persönliches Wählen und unsere Freiheit beeinträchtigen, sollten wir untersuchen. Durch bloßes Widerstehen können wir sie abschwächen und machtlos machen. Oder wir können sie umlenken und die in ihnen enthaltenen psychischen Kräfte nützlichen Zwecken zukommen lassen. Bedingtheiten, die nicht sehr viel Einfluß haben, jedoch gelegentlich ein Problem für uns darstellen, können aufgehoben werden. Tiefsitzende Muster, die normalerweise in versteckten Bereichen des Unbewußten lagern, erkennen wir gewöhnlich nicht bewußt. Diese können ebenfalls durch regelmäßige überbewußte Erfahrungen und durch ein bewußtes und von innen heraus geführtes Leben aufgelöst werden. Schließlich wird der gesamte Bereich des Gemüts erleuchtet, und alle begrenzenden Einflüsse werden beseitigt sein. Dies wird es den Seelenfähigkeiten ermöglichen, sich leicht zu entfalten und auszudrücken.

Seelengewahrsein sickert durch das Gemüt und das Nervensystem in den Körper und beeinflußt die Funktionstüchtigkeit. Wenn wir wach und spirituell gewahr sind, neigen mentale Vorgänge dazu, geordnet abzulaufen, und der Körper wird durch den starken Fluß kreativer Kräfte belebt. Wenn wir jedoch verwirrt sind, Angst haben, pessimistisch oder niedergeschlagen sind, werden mentale Vorgänge gestört, das Nervensystem wird überlastet, und es ist wahrscheinlich, daß die Körperfunktionen beeinträchtigt werden.

Indem wir Bewußtseinszustände und mentale Zustände meistern, sind wir imstande, körperliche Vorgänge zu meistern. Auch Menschen, die nicht der Beziehung zwischen sich selbst, dem Gemüt und dem Körper gewahr sind, erleben die Wirkungen von schöpferischen oder von zerstörerischen Ursachen, die auf den Ebenen des Gewahrseins, des Denkens und des Fühlens in Gang gesetzt worden sind. Mit nur ein bißchen Ermutigung kann jeder Mensch lernen, eine optimistische Lebenseinstellung beizubehalten, und dies wird verbesserte mentale Fähigkeiten, emotionale Harmonie und bessere Gesundheit im allgemeinen zur Folge haben.

Ein motivierter Mensch kann aber mehr tun! Er kann lernen, so zu leben, daß er immer bewußt ist, selbst dann, wenn sein Körper schläft oder wenn er sich mit täglichen Angelegenheiten und Beziehungen beschäftigt. Solch ein Mensch kann viel vollbringen, indem er lernt, zu allen Zeiten selbstgewahr, der „Zeuge" seiner eigenen Gedanken, Gefühle, Verhaltensweisen und der sich entfaltenden Umstände zu sein.

Eine genauere Betrachtung von Bewußtseinszuständen während der Meditation

Wenn sich der Körper entspannt und die Gefühle und Gedanken zur Ruhe kommen, erfahren wir während bewußter Meditation das Überbewußtsein. Dies ist ein Zustand reinen Gewahrseins, in dem keine Gefühle vorhanden sind und keine mentalen Bilder mehr im Gemüt treiben. Dies ist ein Zustand entspannten Gewahrseins und vollkommener Ruhe. Es ist kein Bewußtseinszustand, der automatisch Erleuchtung zur Folge hat, es ist aber ein Zustand, aus dem heraus wir über Möglichkeiten kontemplieren. Überbewußtsein auf diese Weise regelmäßig zu erfahren, trägt auf allen Ebenen sehr zu unserer Gesundheit und zu unserem Wohlbefinden bei.

Indem wir uns vollkommen hingeben, dabei aber gewillt sind, alles zu entdecken, was es zu wissen gilt, geht die Meditation leicht vonstatten. Schließlich ruht der Meditierende im klaren Gewahrsein seines Wesens als Sein, und er erkennt, daß die Seelennatur reines Bewußtsein und als solches ein individualisierter Punkt des unbegrenzten Bereiches reinen Bewußtseins ist. Dies ist Selbst-(Seelen-)Verwirklichung.

Bei fortgesetzten und tieferen überbewußten Erfahrungen wird der Mensch zunehmend gewahr, daß er im Einklang mit der Natur lebt. Er erlebt eine mühelose Beziehung zu anderen Lebensformen, Menschen und Umständen und beginnt bewußt den unterstützenden Einfluß zu erkennen, der die Natur durchdringt. Der Strom der Evolution wird sichtbar, und der Mensch wird für diesen immer offener und empfänglicher. Auf diese Weise erfahren wir die Gnade; dieses Wohlwollen des Lebens, das wir nicht verdienen können und um das wir nicht bitten können, entfaltet sich in unserem Leben als Unterstützung, ungeplante Gelegenheit und leichte Verwirklichung lohnenswerter Vorhaben. Das Leben scheint dem Hingegebenen mehr und mehr von sich selbst zu geben. Die Wünsche des Herzens werden erfüllt, und der Vorgang spirituellen Erwachens beschleunigt sich bis zu dem Punkt, an dem wir uns in Richtung schließlicher Befreiung des Bewußtseins getragen fühlen.

Schließlich erkennen wir die Wirklichkeit Gottes in voller Herrlichkeit und Kraft. Worüber Seher und Weise gesprochen haben, wonach der Wahrheitssuchende ernsthaft gesucht hat, ist enthüllt. Die Kraft und die Schönheit der Wirklichkeit Gottes und die Ehrfurcht, die wir durch sie erleben, befinden sich jenseits von Worten und Gedanken, so wunderbar ist es, sie zu erfahren.

In den anfänglichen Phasen des Meditierens können feinstoffliche und feinste Wahrnehmungen höheren Bewußtseins nur während gedankenfreier Meditation erfahren werden. Der Grund dafür ist, daß sich das Nervensystem des Meditierenden noch darauf einstellen muß, feinste Impulse zu verarbeiten, um sie in das Gemüt und in den Körper weiterzuleiten. Schließlich jedoch ist der Meditierende fähig, aus der Meditation mit voller innerer Erkenntnis herauszukommen und auf praktische Weise durch sein Gemüt und seinen Körper tätig zu werden, ohne dabei das reine Bewußtsein zu verlieren. Reines Bewußtsein, Gedanken, Gefühle und Handlungen fließen dann in vollkommener Harmonie, und hinter allen Gedanken, Gefühlen und Handlungen bleibt das unverminderte Gewahrsein des transzendentalen Bereiches. Von diesem Moment an leben wir in einem offenen Universum. Uns ist nichts verborgen, und für uns gibt es nichts mehr zu erlangen, nichts mehr, nach dem wir streben müssen.

Beachte bitte, daß Bewußtseinszustände eben nur *Zustände* sind. Sie sind Zustände oder Ebenen — sie an sich sind kein Wissen. Sie sind Gewahrseinsebenen, von denen aus wir etwas untersuchen, darüber nachdenken und kontemplieren, so daß wir Wissen erlangen können. Natürlich beinhaltet jeder Bewußtseinszustand Wissen über eben diesen Zustand, nicht aber über etwas, das von diesem Zustand entfernt ist. Die transzendentale Erfahrung übersteigt Zustände und ist Gewahrsein und Wissen an sich. Wenn wir in der transzendentalen Erfahrung ruhen, haben wir kein Gewahrsein oder Wissen über manifestierte Bereiche, denn wie das Wort schon sagt, ist alles, was transzendental ist, nicht mit relativen Vorkommnissen verknüpft.

Es ist ein Fehler, zu glauben, daß ein Mensch, der transzendentales Gewahrsein (reines Bewußtsein) erfährt, automatisch alles über relative Angelegenheiten weiß. Dies ist nicht der Fall, es sei denn, solch ein Mensch lenkt seine Aufmerksamkeit auf relative Angelegenheiten, um zu wissen; erst dann wird er Wissen über sie erlangen. Ich spreche dies an, weil der neu Suchende vielleicht annimmt, daß ein fortgeschrittener Meditierender die Antworten auf alle Fragen und die Lösungen zu jedem nur denkbaren Problem kennt oder kennen sollte. Ein Seher kann Wissen erlangen, wenn er über eine Frage oder ein Problem kontempliert, aber die Tatsache seiner ständigen überbewußten Erfahrung garantiert kein Wissen über relative Angelegenheiten. Ich habe noch nie einen Heiligen getroffen, der „alles wußte". Wenn Heilige alles wüßten, würden sie nie den Rat von anderen Menschen einholen und den Umgang derer pflegen, die bei der Handhabung von bestimmten Vorhaben sachkundiger und erfahrener sind als sie selbst.

So können wir mit der Welt, in der wir leben, innerlich ins Reine kommen

Bis wir den Zweck erfüllt haben, für den wir auf diese Welt gekommen sind, werden wir hier verweilen. Deshalb tun wir gut daran, aus dieser Gelegenheit das Beste zu machen — nicht nur um zu lernen, sondern auch um zu dienen.

Solange es Dinge zu wissen gibt, die wir im Moment nicht wissen, und die wir aber wissen sollten, können wir unser Dasein in der Welt als Gelegenheit zum Lernen und Reifen ansehen. Die Welt wurde aber nicht nur um unserer persönlichen Erfahrungen willen erschaffen; über die Welt müssen wir noch etwas anderes verstehen. Die Natur wandelt sich fortwährend um, und der Mensch, der in diesen Prozeß eingebunden ist, wird davon stark beeinflußt. Deshalb tragen wir die Verantwortung, für uns zu sorgen und herauszufinden, was von uns erwartet wird. Wir sind nicht um unserer eigenen Absichten willen hier — wir sind für einen höheren Zweck hier! Und je mehr wir diese Tatsache untersuchen, desto mehr verstehen wir, daß unsere eigene spirituelle Erfüllung eng mit der Erfüllung der Zwecke des Evolutionsprozesses verbunden ist.

Dies heißt nicht, daß sich einige Seelen nicht schließlich von den manifestierten Bereichen zurückziehen und im unmanifestierten Bereich des Bewußtseins ruhen werden, denn dies wird geschehen, aber bevor es geschieht, werden sie „ihre Schuldigkeit" in Form von Dienst am Evolutionsprozeß getan haben. Nun, ich spreche hier nicht über einen Gott, der uns nicht „davonkommen" läßt, ohne daß wir ein vorgeplantes Drehbuch befolgt haben. Ich beziehe mich vielmehr auf die Tatsache, daß wir bei unserer Suche nach Verstehen herausfinden, daß ein Teil des Lernprozesses mit unserem Verstehen der Natur des manifestierten Universums zu tun hat und damit, wie es arbeitet und warum es überhaupt existiert.

Mit dem manifestierten Universum innerlich ins Reine zu kommen, ist für viele aufrichtig Suchende eine größere Herausforderung. Oftmals sind sie zu sehr daran gefesselt, und wenn sie von ihm nicht fast vollkommen übermannt werden, fürchten sie, daß dies passieren könnte. Manchmal haben sie eine Abneigung gegen das manifestierte Universum, weil sie glauben, daß eine Beziehung zu ihm nicht besonders spirituell sei; dann mögen sie sogar die stark vereinfachende Entschuldigung vorschieben, das Universum sei eine Täuschung, nicht tatsächlich „wirklich", nur eine Erscheinung, die infolge der Täuschung wahrgenommen wird und außer in der eigenen fehlerhaften Vorstellung nicht wirklich vorhanden ist.

Nun, das Universum existiert, so wie es ist, sehr wohl, weil es eine mehrdimensionale Manifestation kosmischer Kräfte ist, die wiederum ihren Ursprung im Bereich Gottes haben. Dieser wiederum ist der äußere Ausdruck des unmanifestierten Bereiches des Bewußtseins. Wenn Du das klar verstanden hast, bist Du auf dem richtigen Weg.

Hinter den Flüssigkeiten, Gasen und Feststoffen der Schöpfung befinden sich die Moleküle, Atome und subatomaren Kräfte, dahinter ist Licht, und hinter dem Licht befindet sich Bewußtsein. Ein klares Verstehen dieser Anordnung befähigt einige erleuchtete Menschen mit Leichtigkeit Dinge zu tun, welche die meisten Sterblichen für Wunder halten. Für diese erleuchteten Menschen sind diese „Wunder" nicht schwieriger, als es für den Durchschnittsmenschen ist, einfache Zahlen zusammenzuzählen oder voneinander abzuziehen oder einen Laib Brot zu backen. Ein Heiliger antwortete, als man ihn fragte, wie er Wunder vollbringe: „Ich habe Selbstvertrauen."

Wäre er gedrängt worden, seine Antwort genauer zu erklären, hätte er auch sagen können, daß er *Seelen*vertrauen besitze. Denn gewöhnliches Selbstvertrauen, das auf Selbstachtung gründet und von der Persönlichkeitsebene ausgeht, auch wenn es an sich nützlich ist, würde nicht ausreichen, um feinere Kräfte durch einfachen Willen zu beeinflussen.

Um auf realistischere Weise mit der Welt innerlich zu zurechtzukommmen, ermutige ich Dich, die Empfehlungen in Kapitel IV dieses Buches sorgsam zu beachten. Wenn Du Probleme irgendwelcher Art damit hast, in der Welt zu leben, dann mußt Du noch lernen, mit ihr in Beziehung zu treten. Studiere also, meditiere, pflege die Tugenden und führe in dieser Verkörperung ein vollkommen bewußtes und verantwortungsvolles Leben. Dies ist die beste Schulung, die Du zur Vorbereitung auf Deine Zukunft haben kannst. Indem Du so verfährst, wirst Du Deine Seelenbestimmung erfüllen und das Gesamtbewußtsein der Welt auf nützliche Weise beeinflussen.

Genauso wie persönliche Herausforderung, wenn wir diese als Gelegenheit zum Lernen und zum Wachstum sehen, ein Trittstein zu Reife sein kann, so stellen gegenwärtige Herausforderungen auf Weltebene

Gelegenheiten für alle Mitglieder der Gesellschaft dar, um ihre höchsten Eigenschaften zu entfalten und zu verwirklichen.

Zur Zeit leben mindestens zwei Drittel der Menschen auf unserem Planeten in benachteiligten Verhältnissen. Wir brauchen nicht die sogenannten Länder der Dritten Welt zu betrachten, um uns über herrschende Zustände zu informieren. Wir können auch die industrialisierte Gesellschaft betrachten, um Massenunwissenheit, Verwirrung und Fälle von Einsamkeit infolge von spiritueller Verarmung zu beobachten. Einem vor kurzem erschienenen Bericht zufolge verstehen mindestens fünfzig Millionen Amerikaner nicht, was sie in der Tageszeitung lesen und haben Schwierigkeiten, ein einfaches Bewerbungsformular auszufüllen. Die Umwelt wird verseucht, und Millionen Menschen hungern, obwohl Nahrung in ausreichendem Maße in vielen Teilen der Erde vorhanden ist. Gott sei Dank wendet sich unsere Aufmerksamkeit nun diesen Problemen zu, und Lösungen werden mit Sicherheit gefunden werden.

Es stimmt, daß Millionen Menschen sich heute „bewußtseinserweiternden“ Möglichkeiten zuwenden, indem sie „Neugeist“-Literatur lesen und an Seminaren teilnehmen, die als nützlich für Menschen angekündigt werden, die gerne so werden möchten, wie es ihnen eigentlich bestimmt ist. Viele, die sich auf dem „Neugeist“-Markt umsehen, verfahren dabei jedoch mit dem gleichen Weitblick und der gleichen Intelligenz, die sie an den Tag legen würden, wenn sie einen zweimal wöchentlich stattfindenden Aerobic-Kurs belegten oder wenn sie einen Wochenend-Ausflug planten.

Hunderttausende von Männern und Frauen nehmen an wöchentlichen Gottesdiensten teil, hören dabei eine inspirierende Botschaft, um sich auf die vor ihnen liegende Woche vorzubereiten, plaudern danach in gesellschaftlicher Runde mit ihren Freunden und fallen dann in ihren gewöhnlichen Trott zurück, um so gut wie möglich zu Rande zu kommen und zu überleben. Dabei nehmen sie an, daß das, was sie in der Kirche gehört und möglicherweise erlebt haben, eine nette Gedächtnishilfe war, aber in ihrem Leben so wichtig nun auch wieder nicht ist.

Dies soll keine Kritik sein, sondern nur eine Feststellung von Verhältnissen und Trends. Wir kennen die Situation und wissen, was wir tun müssen, um auf schöpferische Weise am Evolutionsprozeß teilzunehmen. Das Bedürfnis nach spiritueller Unterweisung, dem Verbreiten von genauer und nützlicher Information über das Wesen Gottes, das Wesen des Menschen und den Lebenssinn steigt heutzutage stetig. Auch gibt es ein wachsendes Bedürfnis nach verantwortungsbewußten und engagierten Menschen, die für ihr eigenes inneres Wachstum sorgen und die sich dem Einfluß höherer Kräfte öffnen, welche bereits jetzt mit zunehmender Intensität in die Angelegenheiten der Menschen fließen. Die Verbesserung der Welt beginnt bei der Verbesserung unserer selbst, denn wir können anderen nicht geben, was wir selbst nicht haben. Wir können andere nicht dazu inspirieren, unserem Beispiel zu folgen, wenn wir nicht gelernt haben, in Einklang mit der Ordnung der Natur zu leben.

Ich erinnere mich noch gut an einen frühen Abend im Jahre 1950, kurz nachdem mich mein spiritueller Lehrer Paramahansa Yogananda als Schüler angenommen hatte. Eine Gruppe junger Männer versammelte sich um ihn, und wie immer, wenn er mit uns zusammen war, sprach er über Gott und die Wichtigkeit von Beständigkeit auf dem spirituellen Pfad. Einer aus der Gruppe teilte Paramahansaji sein Interesse mit, Lehrbeauftragter zu werden, worauf Meister antwortete: „Bereite Dich jetzt vor. In naher Zukunft wird das Bedürfnis nach wahren Lehrern groß sein. Die Welt wird große Veränderungen durchmachen. Heutzutage suchen schon Tausende; in naher Zukunft werden sich Millionen nach Gotteserkenntnis sehnen."

Wie viele Seher über die Jahrhunderte hinweg gewußt haben, so wußte auch Paramahansaji, daß unser gegenwärtiges Zeitalter ein Zyklus ist, währenddessen göttliche und kosmische Kräfte das Gesamtbewußtsein des Planeten mehr und mehr durchdringen werden und dadurch eine Klärung der Wahrnehmungsfähigkeiten des Menschen verursachen und die Entfaltung gesteigerten Seelengewahrseins ermöglichen werden. Die zweite Hälfte der achtziger Jahre des gegenwärtigen Jahrhunderts, während der ich diese Worte gerade schreibe, ist von vielen Sehern als „die Stunde Gottes“ bezeichnet worden. Sie kennzeichnet eine kritische Phase in der Entwicklung des Menschen, während der ein dramatisches Erwachen spirituellen Bewußtseins unter den Menschen auf dem Planeten stattfindet. Diese Phase wird von vielen begrüßt, ist aber für noch viel mehr Menschen verwirrend. Sie verlangt von uns, daß wir schließlich aufrichtig mit uns selbst werden und ehrlich darüber nachdenken, welche Rolle wir im Universum wirklich spielen — und was von uns aufgrund dessen, wer und was wir als spirituelle Wesen wirklich sind, erwartet wird.

Sollen wir auf einen Messias hoffen? Wo können wir uns in Zeiten der Herausforderung hinwenden?

Religiösen Lehrtraditionen gemäß wird ein Messias, ein „Gesalbter“, von Zeit zu Zeit in die Welt geschickt, um den Evolutionsprozeß zu unterstützen und um die Aufmerksamkeit des Menschen zu höheren Werten zu leiten. Über die Jahrhunderte hinweg sind viele Erlöser auf den Planeten gekommen und haben die ihnen zugewiesene Aufgabe erfüllt, um uns auf einem relativ beständigen Weg zu halten. Mehr von ihnen werden im Laufe der Jahre kommen. Sie haben eine zweifache Aufgabe: erstens, das Gesamtbewußtsein des Planeten mit göttlicher Kraft zu erfüllen und zweitens, spirituell empfängliche Seelen dazu zu ermutigen, ihrem Beispiel zu folgen. Es wäre ein Irrtum, von einem erleuchteten Menschen zu erwarten, daß er uns von unserer eigenen Torheit errette oder daß er für uns das tue, was wir selbst tun müssen.

Einst, während meines ersten Treffens mit einem bestimmten Heiligen in Indien, sagte er mir: „Es reicht nicht, nur der Schüler eines großen Meisters zu sein. Der Schüler muß so wie der Meister selbst werden!“

Für einen Christen genügt es nicht, nur an die Göttlichkeit Jesu zu glauben. Ein Christ muß wie Jesus selbst werden. In ihm muß das Gemüt sein, das in Jesus, dem Gesalbten Gottes, dem Christus, war.

Es genügt für einen Buddhisten nicht, an die Wirklichkeit Buddhas zu glauben und ihn zu verehren. Ein Buddhist muß sich selbst darauf vorbereiten, persönlich das „Buddha-Gemüt“, den erleuchteten Zustand zu erfahren. Dies gilt für Verehrer aller religiösen Traditionen. Sie müssen danach streben, das Bewußtsein und die Eigenschaften, die sie in ihren spirituellen Helden so bewundern, selbst zu verkörpern.

Der einzig wahre Erlöser des Menschen ist sein eigenes erwachtes spirituelles Bewußtsein. Nur innere Erkenntnis kann mentale Dunkelheit zerstreuen, das Unterscheidungsvermögen (Intelligenz) läutern, die Intuition erwecken und uns befähigen, ohne jegliche Begrenzungen durch Raum und Zeit zu fließen. Dies ist, was alle erleuchteten Lehrer hervorheben und was alle Heiligen Schriften dieser Welt enthüllen.

Mein bewußtes Gewahrsein darüber, wer ich bin und welche meine Beziehung zum Universum ist, bestimmt meine gegenwärtigen und zukünftigen Erfahrungen. Dein bewußtes Gewahrsein darüber, wer Du bist und welche Deine Beziehung zum Universum ist, bestimmt Deine gegenwärtigen und zukünftigen Erfahrungen. Das ist die Wahrheit. Das ist der einzig entscheidende Faktor, der den Unterschied zwischen Mittelmäßigkeit und vollkommener Freiheit ausmacht.

Es gibt einen bekannten Weg, es gibt die Wahrheit über das Leben, es gibt die uns von allen Erleuchteten gegebene Ermahnung, ein in Gott verankertes Leben zu führen. Der Weg ist oftmals eng, das heißt schwierig und hart. Wir können die Wahrheit nicht erkennen, wenn unser Gemüt und Bewußtsein nicht geläutert sind. Ein in Gott verankertes Leben ist die letztendliche, jeder Seele vorherbestimmte Erfahrung. Deswegen müssen wir auf dem Erleuchtungspfad bereit sein, das Ziel klar zu sehen, uns mit den erforderlichen Übungen zu beschäftigen und uns dem Prozeß des Wachstums und Lernens vollkommen zu widmen. Das, was wir wahrhaft erreichen können, wird oftmals gerühmt, aber die Tatsache, daß wir dazu persönliche Verantwortung übernehmen müssen, bleibt oft unausgesprochen — deshalb hebe ich es jetzt hervor.

Buddha sagte es: „Nur derjenige, der das Leben lebt, wird die Lehre kennen." Jesus sagte es: „Wenn Ihr an meinem Wort festhaltet, dann seid Ihr wahrhaftig meine Schüler. Und Ihr werdet die Wahrheit erkennen, und die Wahrheit wird Euch frei machen." Krishna sagte es: „Was immer Du tust: essen, arbeiten, Selbstdisziplin üben; tue es mit dem Gedanken, daß Geist es durch Dich tut." Die Propheten des Alten Testaments sagten es: „Du sollst keine anderen Götter haben neben mir." Und sicherlich hast Du das eine oder andere Mal gebetet: „Oh Herr, ich sehne mich danach, Dich zu kennen!"

Der grundlegendste Wunsch der Seele ist, ihre Beziehung zu Gott zu kennen. Dies werden wir nicht für immer verleugnen können. Wir können in zahllosen verschiedenen Richtungen nach dauerhafter Zufriedenheit suchen und werden sie trotzdem nicht erfahren. Doch sehen wir zur Quelle, werden alle Wünsche erfüllt.

Lebe aus dem Sein und sieh alle Dinge bereitgestellt

Nimm Dir, wenn Du meditierst, das Folgende zu Herzen: *Lebe aus dem Gewahrsein des Seins; sieh alle Dinge jetzt für Dich bereitgestellt.* Wenn Du meditierst, denke daran, daß Du in Deinem Innersten schon rein und vollkommen bist. Es gibt nichts zu erreichen. Nur das in Dir, das bereits selbstvollkommen ist, mußt Du anerkennen und bewußt erfahren.

Was sind die Anzeichen spirituellen Fortschritts? Sind unbedeutende psychische Fähigkeiten, teilweise Kontrolle über die Umgebung und flüchtige astrale Visionen Anzeichen spirituellen Fortschritts? Sie sind es nicht wirklich, denn sie können von jedem, der deren Pflege etwas Aufmerksamkeit schenkt, erfahren werden. Nein, die sicheren Anzeichen spirituellen Forschritts sind: Frieden des Gemüts, innere Gelassenheit, untrügliche Führung, Mitleid mit anderen, Verzicht auf Abhängigkeiten von Äußerem und auf zerstörerisches Verhalten, Einsicht in die Natur des Bewußtseins und anwachsendes Gewahrsein der Wirklichkeit Gottes, um nur einige zu nennen.

In der Ruhe der Meditation, wenn sich ein Gedankenstrom auflöst und bevor der nächste an die Oberfläche kommt, während dieses Intervalls, erfahren wir Überbewußtsein. Mit geduldigem Üben wird die Dauer dieser Intervalle länger, bis das Gemüt klar ist und reines Bewußtsein vorherrscht.

Behalte die Ruhe der Meditation bei, während Du Dich danach mit Deinen täglichen Aktivitäten beschäftigst. Du wirst anfangen wahrzunehmen, daß alles, was um Dich herum geschieht, eine traumähnliche Beschaffenheit hat. Du wirst fähig sein, durch oberflächliche Angelegenheiten hindurch zu den Ursachen zu sehen, die Vorkommnissen und Umständen zugrundeliegen. Du wirst, ohne dabei zu urteilen, das mechanische Verhalten vieler Menschen wahrnehmen und Dich daran erinnern, wie Du einst ebenso mechanisch und nichtdenkend warst. Du wirst lernen zu entscheiden, was in Deinem Leben wichtig ist, und Unwichtiges loslassen. Du wirst objektiv, ruhig, frei von persönlichen Urteilen werden und emotional nicht länger verhaftet oder übermäßig verwickelt sein. Du wirst am Leben Gefallen finden und Freude erfahren, aber Gefallen und Freude werden Deinen Verstand nicht beherrschen.

Du wirst verstehen, daß Du bereits alles hast, denn Bewußtsein schließt alles ein. Während andere um Dich herum vielleicht die Hölle ihres Selbsterschaffenen erfahren oder das Leid, das Läuterung zur Folge haben kann oder das, was sie möglicherweise für das höchste Glück auf menschlicher Ebene halten, wirst Du im Himmel leben, dabei vollkommen klar, bewußt und erfüllt, weil Du aus allem erwacht bist, das vorher Deine Aufmerksamkeit auf sich zog.

Dein erleuchteter Zustand wird das Gesamtbewußtsein des Planeten mit Licht und erlösendem Einfluß erfüllen. Du wirst nicht darum kämpfen müssen, die Welt zu ändern, denn Du wirst Deine Auffassung über die Welt geändert haben. Das Gute fließt dann aus Dir, und der Wille Gottes wird vorherrschen.

Beachte die Richtlinien, die Gebote. Sei arglos, ehrlich, wahrhaftig, diszipliniert, großzügig, zufrieden, rein, lernbegierig, andächtig, nachdenklich und hingegeben. Während Du nach und nach erwachst, wird sich alles auf natürliche Weise und von innen heraus einstellen, weil Du vorher die Richtlinien befolgtest.

Bleibe vor allem auf dem Pfad und in Deinem Versprechen beständig, bis zum Ziel fortzufahren, welches Dein volles Erwachen in Gott sein wird. Wenn Dir auf der Erde noch viele Jahre bleiben, wirst Du umso besser anderen Menschen dienen können. Wenn Dir nur wenige Jahre bleiben, kannst Du Dich am besten auf den bewußten Übergang vorbereiten, indem Du Deine spirituellen Übungen ausführst. Laß keinen Tag vergehen, ohne für eine Weile in tiefer Ruhe zu sitzen und für das Unendliche offen zu sein. Während Du dem Leben ergeben bist, wird das Leben Dir in reichlichem Maße ergeben sein.

Pflege die Verehrung Gottes, im Gleichgewicht mit intelligentem Nachforschen. Die bloße Verehrung Gottes ohne den Zusatz von Verstand kann zu blinder Gefühlsduselei führen. Andererseits kann die bloße Anwendung von Intelligenz ohne den Einfluß von Verehrung zu Überheblichkeit und zu einem selbstgefälligen Gefühl falschen Stolzes führen, das den Betroffenen glauben läßt, er wisse alles, während er tatsächlich nur ein Neuling vor der Großartigkeit des Universums ist.

Der der Seele innewohnende Drang, bewußt Allgegenwart zu erfahren, sollte die vorherrschende, uns motivierende Kraft auf dem Erleuchtungspfad sein. Während viele Meditierende mit ihren Übungen beginnen, weil sie persönliche Bedürfnisse zu stillen haben, wie Abbau von Streß oder Heilung der einen oder anderen Art (und dies ist ein natürlicher Ausgangspunkt), sollte ein Mensch auf dem Erleuchtungspfad, nachdem er seine persönlichen Angelegenheiten in Ordnung gebracht hat, alle Dränge des Ego aufgeben und sich vollkommen dem Umwandlungsprozeß, der Läuterung und dem Seelenerwachen widmen. Mache nicht den Fehler, auf Erreichtes stolz zu werden oder selbstzufrieden zu sein, weil Du bestimmte Verfahrensweisen oder Techniken beherrschst. Wir sollten geübt sein, und wir sollten unsere Fähigkeiten und unser Können fördern, aber Fähigkeiten und Können sollten für die wichtigen Zwecke des Lebens verwendet werden. Schließlich wird die Gesamtheit unserer Seelenkräfte befreit werden, so daß uns im Rahmen der natürlichen Gesetze nichts unmöglich ist. Selbst wenn dies dann so ist, müssen wir immer gewahr sein, woher die Kraft kommt und durch wessen Gnade es uns möglich ist, diese auszudrücken.

Ein Heiliger sagte einmal: „Ein Mensch, der sich bewußt ist, daß er seine Kräfte benutzt, kann sich dabei, was seine spirituelle Entwicklung angeht, nicht in Sicherheit wähnen, auch dann nicht, wenn er spirituell fortgeschritten ist." Gemeint ist hier, daß es weit besser ist, wenn wir uns bewußt sind, daß die höchste Kraft uns für ihre Zwecke benutzt. Es wird die Zeit kommen, in der der erleuchtete Mensch so klar und empfänglich sein wird, daß jeder seiner Gedanken und jede seiner Taten eine genaue Erwiderung auf die inneren Anstöße der Intelligenz sein werden, die den Evolutionsprozeß lenkt.

Es ist möglich, daß ein aufrichtig Suchender zu dem Glauben verleitet wird, seine Kenntnisse über Philosophie, seine Beherrschung von Meditationstechniken und seine „Verbindungen" zu jenen Menschen, die in spirituellen Angelegenheiten für Experten gehalten werden, seien ausreichend, um seine stetige Entfaltung und schließliche Erleuchtung zu gewährleisten. Es ist möglich zu vergessen, daß Männer und Frauen, die leuchtende Beispiele für vollkommene Erleuchtung sind, oftmals Jahre mit intensivstem Üben, unzählige Stunden, Tage, Monate und manchmal Jahre in Gebet und innerem Suchen zugebracht haben. Hast Du, bei aller Beachtung, die Du den Techniken und Formeln schenkst, vielleicht vergessen, wie Du richtig zu beten hast? Hast Du vielleicht vergessen, wie Du Dich „an den Herrn halten" und ihn um Unterstützung bitten kannst? Bist Du vielleicht auf Deine eigenen Vorgehensweisen festgelegt und gleichgültig gegenüber den nützlichen Methoden anderer? Glaubst Du, besonders vom Glück begünstigt zu sein, weil Du den Pfad gefunden hast, während andere ihn noch suchen müssen? Selbst Suchende auf dem Erleuchtungspfad müssen sich manchmal vor Selbsttäuschung und Torheit in acht nehmen.

Das innere Sein von mir, von Dir, von jedem Menschen und von jedem empfindungsfähigen Lebewesen ist das gleiche. Nur die Identifikation mit dem Körper und dem Gemüt macht einen scheinbaren Unterschied aus. Unsere Ansichten über die Welt mögen voneinander abweichen, die Veranlagung unserer Persönlichkeiten mag sich unterscheiden, im innersten Kern jedoch sind wir alle die gleichen — wir sind Strahlen des einen Lichts reinen Bewußtseins. Dies kann durch nichts abgeschwächt oder übertroffen werden.

Wenn wir den Zustand des Seins verlassen, schweifen wir im Irrgarten der Kräfte und Tendenzen umher, die die Substanz der Natur ausmachen. Wir kommen von unserem Weg ab und vergessen, wer wir sind. Alle Probleme, die der Mensch erlebt, werden durch den Mangel an Gewahrsein seines eigenen inneren Seins hervorgerufen. Die Probleme hören auf, wenn er fehlerfreies Verstehen, das in Erkenntnis gründet, wiedererlangt.

Wenn wir aus dem Sein leben, sind wir furchtlos, weil es außerhalb von uns nichts gibt, das uns bedrohen könnte. Wir sind erfolgreich, weil es in einer vollkommenen Welt keinen Mißerfolg geben kann. Wir sind gesund, weil Ordnung und rechtes Handeln in unserem Leben die Regel sind. Wir sind wohlhabend, weil das Sein weder Mangel noch Begrenzung kennt. Wir sind frei, weil Zwang nur durch Nichtverstehen entsteht. Das Leben ist mühelos, weil die Gnade durch uns fließt.

Anhang

Eine Untersuchung überbewußter Zustände, umwandelnder Vorkommnisse und Erleuchtung

Das Streben nach Erleuchtung, nach bewußter Erkenntnis des Lebenssinns und danach, mit dem Kosmos in Harmonie zu leben, ist nicht nur unter den jetzigen Bewohnern unseres Planeten vorhanden. Die Geschichte des Menschen enthüllt sowohl in schriftlicher als auch mündlicher Überlieferung, daß dieser Drang viele Tausend Jahre lang vorherrschte. In vielen Kulturen hat sich eine beträchtliche Fülle an Literatur entwickelt, in der der Zustand der Erleuchtung als Ideal hervorgehoben wird. Viele Verfahrensweisen und Methoden werden darin einzeln aufgeführt, um dem ehrlich Suchenden den Weg zur Erfahrung dieses idealen Zustandes zu zeigen.

Eines der allerersten Dinge, die ein vorbereiteter Wahrheitsschüler lernt, ist, daß innere Offenbarung weder bestimmten Menschen oder Gruppen vorbehalten noch auf irgendein bestimmtes System oder eine organisierte Tradition beschränkt ist. Ein Mensch, der sich ernsthaft auf der Suche nach Erleuchtung befindet, muß bereit sein, bei jeder Gelegenheit und von jeder zuverlässigen Quelle zu lernen und alle Vorurteile aufzugeben. Er mag dabei, je nach seinen Wünschen und Bedürfnissen, Bestimmtes bevorzugen; es muß aber völlig klar sein, daß der *Weg* nicht sektiererisch oder durch geographische Grenzen beschränkt ist.

Aus unterschiedlichen Gründen mögen wir eine bestimmte Form des Übens bevorzugen. Ein Mensch mag sich mehr zum christlichen Mystizismus hingezogen fühlen, während sich ein anderer leichter auf yogische Verfahrensweisen oder vielleicht auf den Pfad der Einfachheit aus dem Zen-Buddhismus einstellen kann (was tatsächlich gar nicht so einfach zu verstehen oder in die Tat umzusetzen sein mag), oder auf eine Methode mit einem anderen kulturellen Hintergrund oder auf überhaupt keine traditionelle Methode. Was immer sich für den Einzelnen als am nützlichsten erweist, wird der Pfad dieses Menschen sein. Befreien wir uns also ein für allemal von jeglicher Vorstellung, daß es ernstzunehmende Unterschiede zwischen Verfahrensweisen aufgrund ihrer kulturellen oder geographischen Herkunft gibt. Vergiß alles Negative, was Du über „westliche" gegenüber „östlichen" Lehren gehört oder geglaubt hast. Was wahr ist, wird wahr bleiben, und es hängt in keiner Weise von Zeit, Ort oder Umständen ab.

Warum wird uns dann ein Großteil der Informationen, die uns heute über die Natur des Bewußtseins, die Natur des Menschen, über Psychologie und spirituelle Praktiken zur Verfügung stehen, durch die altertümlichen östlichen Schriften mitgeteilt? Die Antwort ist offensichtlich — Seher aus dem mittleren Osten, Indien und Asien erforschten vor Tausenden von Jahren die inneren Bereiche des Bewußtseins, und ihre Entdeckungen sind in den Schriften festgehalten. Traditionen aus Afrika und Nord- und Südamerika versorgen uns ebenfalls mit vielen Informationen über die Schöpfungsgeschichte, das wahre Wesen des Menschen und das Ideal einer bewußten Beziehung zum Schöpfer.

Obwohl ich in einer orthodoxen christlichen Tradition aufgezogen wurde und bedeutungsvolle Aspekte des Christentums nicht zurückwies oder ihnen entsagte, fand ich den zu meinem Temperament passenden Weg aus dem Yoga, der mehr als angemessen war, um mich auf dem Erleuchtungspfad zu unterstützen. Eine weitverbreitete Definition des *Yoga* lautet: „Die Disziplin, die zur Erfahrung der Vereinigung der Seele mit der Überseele führt". Eine spezielle Definition ist „Einheit" mit dem einen Leben.

Der Weg eines Yogi, eines Menschen, der Yoga praktiziert, ist der Weg der Liebe, des selbstlosen Dienens, der intellektuellen Untersuchung der Natur des Bewußtseins, der Meditation und der Hingabe an Gott, so daß sich die Grenzen des Ego auflösen. Dieser Prozeß kann zielgerichtete Übungen und Verfahrensweisen beinhalten, die den Yoga-Übenden unterstützen. Solche Übungen können ihm helfen, ein Erwachen schlummernder Lebenskräfte zu erfahren, innere Zustände ins Gleichgewicht zu bringen, das Gefühlsleben zu klären, das Gemüt zu beruhigen und überbewußte Zustände auf eine voraussagbare Weise zu erfahren. Mit anderen Worten, Yoga ist eine wissenschaftliche Methode, weil sie erforscht wurde und sich als richtig erwiesen hat, wie auch andere Methoden mit anderen Namen. Tatsächlich übt jeder Mensch, der sich mit disziplinierenden Übungen beschäftigt, um zu Seelenerwachen und zu einer bewußten Beziehung zu Gott zu gelangen, eine Form des Yoga aus, auch wenn er dabei keine Fachsprache aus dem Yoga benutzt oder eine solche kennt.

Ohne irgendeine Form der Disziplin, ohne eine festgelegte Methode zum Ziel der Erleuchtung ist es unwahrscheinlich, daß ein Suchender, egal wie ehrlich er es meint, bei seinen Bemühungen Erfolg haben wird.

Es ist leicht gesagt, daß wir im innersten Kern bereits leuchtend, klar und vollkommen sind. Dies ist nun einmal wahr. Etwas ganz anderes ist es jedoch, unsere Seelenfähigkeiten in die Tat umzusetzen und ein freies und uneingeschränktes Leben zu führen. Jeder, der hierüber einmal nachgedacht hat, weiß, daß dies so ist.

Wenn wir erst einmal wissen, daß Erleuchtung unser Ziel ist und was wir zu tun haben, um uns vorzubereiten, ist der erste bedeutende Schritt in die richtige Richtung, vollkommen in den Prozeß einzutreten und durch solch vollkommene Teilnahme Erfahrung zu erlangen. Dies ist der einzige Weg, um jemals Bewußtseinszustände zu meistern, innere zerstörerische Triebe und Neigungen aufzuheben und als die leuchtenden Wesen zu leben, zu denen wir bestimmt sind.

Da wir alle Strahlen des einen Lichtes des Bewußtseins sind, besitzen wir die gleichen Fähigkeiten. Nur mentale Bedingtheiten, emotionale Zustände und individuelle Unterschiede im Nervensystem tragen zur

Vielfalt der charakterlichen Typen und Neigungen bei, die wir unter den Menschen finden.

Wir mögen aufrichtig wünschen, ein rechtschaffenes Leben zu führen und die innersten Geheimnisse des Universums zu kennen (und dies ist hilfreich, weil es uns motiviert), aber solange wir durch ein ruheloses Gemüt, widersprüchliche emotionale Zustände und ein unempfängliches Nervensystem begrenzt bleiben, werden intuitive Fähigkeiten und unsere Unterscheidungskraft ziemlich getrübt bleiben. Deshalb ist es für den Menschen auf dem Erleuchtungspfad nützlich, diejenigen Verfahrensweisen zu kennen und anzuwenden, die ihn befähigen werden, das Gemüt zu beruhigen, die Gefühlsnatur zu klären und zur Verfeinerung des Nervensystems beizutragen.

Innere Veränderungen durch anhaltendes Überbewußtsein

Überbewußtsein, wie es im vorhergehenden Kapitel beschrieben wurde, ist der Bewußtseinszustand, den wir erfahren, wenn wir wach bleiben, nachdem emotionale Unruhe und mentale Aktivität aufgehört haben. Es ist also ein klarer Zustand des Gewahrseins, der sich vollkommen von Unbewußtheit, unterbewußten Zuständen oder dem gewöhnlichen Wachzustand unterscheidet.

Wenn wir unbewußt sind, sind wir fast überhaupt nicht gewahr, und mentale und emotionale Muster und Dränge bleiben untätig. Gewöhnlicherweise erfahren wir diesen Zustand während tiefen traumlosen Schlafes. Wenn wir uns auf der unterbewußten Gemütsebene bewegen, träumen wir gewöhnlich oder beschäftigen uns mit Erinnerungen; dabei befinden wir uns in einem beeinflußbaren Gewahrseinszustand. Wenn wir uns im bewußten Wachzustand befinden, sind wir unserer Umgebung und unserer selbst gewahr, sowie unserer Gefühle, Stimmungen, Dränge und Erinnerungen, die alle in tieferen Gemütsschichten wurzeln. Wenn wir durch unterbewußte Neigungen beeinflußt werden und uns mit Sinneswahrnehmungen beschäftigen, ist unsere Aufmerksamkeit gewöhnlich so vereinnahmt, daß wir keine klaren Bewußtseinszustände erfahren können.

Während tiefer Meditation, genauso wie zu Gelegenheiten spontanen Transzendierens des begrenzten Bewußtseinszustandes im Laufe des Tages, bleiben wir unberührt von Drängen und Ablenkungen niederer Gemütsebenen. Während solcher Phasen sind wir frei, über feinstofflichere Angelegenheiten zu kontemplieren und unsere intellektuellen Fähigkeiten anzuwenden. Zu dieser Zeit ist es am wahrscheinlichsten, daß sich unsere Intuition enthüllt und wir die Wirklichkeit direkt wahrnehmen.

Aber es gibt noch mehr. Durch die Erfahrung anhaltenden Überbewußtseins fließen feinste Einflüsse aus dem überbewußten Bereich des Bewußtseins in den mentalen Bereich und tragen zur Schwächung zerstörerischer Triebe, Gewohnheiten und Neigungen bei. Auf diese Weise wird der mentale Bereich schließlich von allen Bedingtheiten, die den spontanen Ausdruck der Seele hemmen, befreit. Darüber hinaus dehnen sich überbewußte Einflüsse bis in das Gehirn und ins gesamte Nervensystem aus, das durch sie verfeinert und neu strukturiert wird, so daß es für feinste Impulse immer empfänglicher wird.

Jeder, der einige Zeit meditiert hat, weiß, daß es während der Meditation möglich ist, ein gewisses Maß an Ruhe und gelassenem Gewahrsein zu erleben. In dieser Ruhe und Gelassenheit erfahren wir unsere Selbstvollkommenheit. Nach der Meditation jedoch, wenn unsere Aufmerksamkeit wieder den Inhalt des Gemüts, die Gefühlsnatur und tägliche Umstände einschließt, werden wir oftmals in die Welt zurückgebracht, in der wir keine Erfüllung erleben und wo keine Harmonie herrscht.

Wenn wir jedoch mit der Ausübung richtiger und regelmäßiger Meditation fortfahren, ohne uns übermäßig um Endergebnisse zu sorgen, werden wir im Laufe der Monate und Jahre entscheidende Veränderungen in unserer Lebenseinstellung, unseren Stimmungen, Beziehungen und unserer Fähigkeit erfahren, den Lebensprozeß zu begreifen. Für einen Menschen, der sich gewissenhaft mit spirituellen Verfahrensweisen beschäftigt, der seine Pflichten auf richtige Weise erledigt und der weiterhin meditiert und überbewußte Zustände erfährt, ist der Erfolg bereits gesichert.

In der Terminologie des Yoga wird der überbewußte Zustand *Samadhi* genannt. Wenn mentale Ströme harmonisiert sind, erfahren wir Samadhi. Meditatives Überbewußtsein ist kein Trancezustand, währenddessen wir unbewußt sind oder das, was gerade geschieht, nicht wahrnehmen. Im Gegenteil, Überbewußtsein ist ein Gewahrseinszustand, währenddessen wir am vollkommensten unser wahres Selbst sind.

Es gibt verschiedene Stufen überbewußten Erfahrens. In den Anfangsstadien wird der Meditierende bemerken, daß sein Gewahrsein zum größten Teil klar und unbegrenzt ist, während am Rande aber Gedankentätigkeit noch weiter besteht. Er mag dann zu angestrengt versuchen, zurückbleibende Gedankenströme zu unterdrücken, und dadurch wird seine Aufmerksamkeit zu mentaler Verwicklung zurückkehren. Stattdessen sollte er solche Gedanken und Gefühle nicht beachten und sich überbewußter Kontemplation hingeben.

Der Meditierende mag danach eine Zeitlang in einem reinen überbewußten Gewahrseinzustand ruhen. Während dieser Phase wird er nur Sein erfahren. Nachdem er im Erfahren des überbewußten Zustandes Übung bekommt, mag er sich zu Kontemplation hingezogen fühlen, das heißt, seine ungeteilte Aufmerksamkeit zu solchen Dingen fließen lassen, wie dem Wunsch, die Natur Gottes, den Prozeß kosmischer Aktivität oder die Lösung zu einem Problem zu kennen. Solches Kontemplieren während der Erfahrung des Überbewußtseins befähigt den Meditierenden, vollkommene Einsicht in das Wesen von alldem zu erlangen, worüber er kontempliert. Auf diese Weise wird er ein Seher, ein Mensch, der die innerste Wahrheit über das Leben kennt.

Der Mensch auf dem Erleuchtungspfad wird viele Veränderungen durchmachen. Es mag sein, daß wir durch das Üben verbesserte Gesundheit, bessere Beziehungen, mehr Erfolg in Unternehmungen und emotionale und mentale Ruhe erfahren. Solche anscheinenden Anzeichen von ständiger Verbesserung setzen sich vielleicht eine Zeitlang fort. Dann, zu irgendeinem Zeitpunkt, mögen wir infolge von inneren Veränderungen oder äußeren Herausforderungen gezwungen werden, unser „Erreichtes“ und unsere Beziehungen und Ziele im Leben ernsthafter zu bewerten. Der Grund dafür ist, daß, während wir innerlich reifen, bisher verborgene Bedingtheiten an die Oberfläche kommen, mit denen wir uns auseinandersetzen müssen. Außerdem wird uns der uns bestimmte Pfad auf Seelenebene in zunehmendem Maße klar. Wir entdecken, daß wir immer wach und für neue Einsichten offen sein müssen, bis sich vollständige Umwandlung auf tieferen Ebenen vollzogen hat.

Mit inneren Veränderungen werden sich auch äußere ereignen, die sich sogar leicht zerstörend auswirken können. Aber wir sollten vor solchen Herausforderungen nicht zurückweichen, denn sie sind für uns Gelegenheiten zum Weiterlernen. Einige Meditierende nehmen fälschlicherweise an, daß sie vom Pfad abgekommen oder daß sie von der Gnade abgefallen sind, wenn innere und äußere Schwierigkeiten auftauchen. Sie sind sich der Tatsache noch nicht bewußt, daß es diesseits der Vollkommenheit immer neue Umstände geben wird, denen sich jeder Mensch stellen und mit denen er ins Reine kommen muß. Deshalb ist der Erleuchtungspfad solch ein Abenteuer. Die Kraft der Evolution wird uns nicht selbstzufrieden werden lassen. Haben wir uns ihr erst einmal hingegeben, wird sie dafür sorgen, daß wir den Prozeß der Läuterung und der Befreiung des Bewußtseins vollenden.

Zwischen Erleuchtung und Befreiung des Bewußtseins besteht ein Unterschied. Ein Mensch mag erleuchtet sein, sich aber noch durch ein bedingtes Gemüt und einen noch ungeläuterten Körper zum Ausdruck bringen. Deshalb mag er, auch wenn ihm das innere Wissen infolge von Erleuchtung zur Verfügung steht, noch ein wenig das Opfer innerer und äußerer Umstände bleiben. Erst wenn innere Bedingtheiten aufgelöst sind und der Mensch sich mühelos durch Zeit und Raum bewegen kann, ist die Seele von den Herausforderungen gegenwärtiger und der Möglichkeit zukünftiger Schwierigkeiten befreit.

Haben wir uns dem Umwandlungsprozeß mit Erleuchtung und schließlicher Befreiung als unserem sicheren Ziel erst einmal hingegeben, beginnt uns die Unterstützung feinstofflicher Kräfte in der

Natur zuteil zu werden, welche uns tatsächlich bis zur Vollendung tragen. Natürlich müssen wir lernen, dieser Kräfte gewahr zu werden und für sie empfänglich zu sein, aber sobald wir uns dem Pfad hingegeben haben, gibt es kein Zurück mehr.

Wenn wir überbewußte Meditation eine Zeitlang regelmäßig geübt und uns an die Erfahrung gewöhnt haben, verfeinert sich das Nervensystem, und überbewußtes Gewahrsein wird dann während gewöhnlicher Situationen für uns zunehmend eine normale Erfahrung sein. Wir werden entdecken, daß unser inneres Gewahrsein klarer und erweiterter ist, selbst wenn wir mit alltäglichen Angelegenheiten beschäftigt sind. Gleichzeitiges Gewahrsein des Ozeans des Bewußtseins und des persönlichen Gefühls unserer Identität wird für uns normal sein. Wir werden imstande sein, uns mühelos durch die Welt zu bewegen, dabei die Ursachen hinter ihren Wirkungen erkennen und Entwicklungen bemerken, die zu absehbaren Resultaten führen. Selbst während des Schlafes werden wir gewahr sein und werden häufiger bewußt träumen. Während wir normale Wechsel im Bewußtseinszustand und im Gefühlsleben erfahren, wird in uns ein beständiger Hintergrund klaren Gewahrseins bestehen. Der Zustand des Überbewußtseins wird in zunehmendem Maße erfahren und mühelos aufrechterhalten werden.

Fälle spontanen Überbewußtseins sind nicht unbekannt. Im Jahre 1901 brachte der kanadische Arzt Dr. Richard Maurice Bucke das Buch *Kosmisches Bewußtsein: Eine Untersuchung der Entwicklung des menschlichen Gemüts* heraus, in dem er von seiner Überzeugung, die Menschheit bewege sich auf einen erleuchteteren Zustand zu, schrieb. Im Text schloß er mehrere Beispiele verschiedener Männer und Frauen ein, die das erfahren hatten, was der Autor für teilweises oder für vollkommenes kosmisches Bewußtsein hielt.

Viele jener, die Dr. Bucke erwähnte, hatten keine frühere Vorahnung von Erleuchtung erfahren, sondern sie waren gesunde, reife Persönlichkeiten, die imstande waren, verhältnismäßig mühelos zu einer höheren Gewahrseinsebene zu erwachen. Interessant ist, daß Dr. Bucke in seinem Buch herausstellte, daß unter allen, die ein gewisses Maß an Erwachen erfuhren, nur jene, die mit Meditation irgendeiner Form bereits frühere Erfahrungen gemacht hatten, später auch in der Lage waren, sich willentlich in einen empfänglichen Bewußtseinszustand zu versetzen und so kosmisches Bewußtsein zu erfahren. Aber auch für jene, für die die Erfahrung nur flüchtig war, ergaben sich dramatische Veränderungen in ihrem Leben — sie wurden mitleidsvoller, verständnisvoller für andere, und ihre Furcht vor dem Tod und vor ihrem Zustand nach dem Tod war für immer verbannt.

Überbewußtsein wird von Frauen genauso leicht wie von Männern erfahren. Geistig gesund veranlagt zu sein ist, wenn auch kein Erfordernis, sicherlich hilfreich und befähigt den Menschen, innere Veränderungen leichter zu durchlaufen. Wenn wir die Fälle spontaner transzendenter Erlebnisse beobachten, wird augenscheinlich, daß die größte Häufigkeit solcher Erlebnisse während des frühen mittleren Alters auftritt, denn zu dieser Zeit sind die körperlichen und geistigen Fähigkeiten des Menschen auf ihrem Höhepunkt. Mit der Kenntnis spezieller Meditationstechniken und deren gewissenhafter Anwendung jedoch kann Überbewußtsein von jedem einigermaßen gewahren Menschen erfahren werden.

Was für unseren Fortschritt auf dem Erleuchtungspfad entscheidend ist

Haben wir uns dem Erleuchtungspfad erst einmal gewidmet, kann unser Fortschritt durch eine Reihe von Faktoren bestimmt werden. An erster Stelle steht natürlich unsere persönliche Veranlagung. Sind wir gesund und psychologisch gefestigt, besitzen wir feinsinnige Wahrnehmungsfähigkeiten und konzentrieren uns ganz auf unseren Vorsatz, dann können wir rasche Fortschritte machen. Laß es jedoch gesagt sein, daß viele Menschen, die natürlicherweise mit konstruktiven Eigenschaften ausgestattet sind, es auf dem Pfad nicht immer ernst meinen. Sie mögen mit Begeisterung beginnen, dann schwankend werden und sogar ihr Interesse eine Zeitlang verlieren. Erforderlich auf dem Pfad sind Beständigkeit und die Bereitschaft, sich dem Prozeß zu widmen, bis sich die gewünschten Ergebnisse einstellen.

Einige andere Menschen, die sich für Erleuchtung interessieren, beschäftigen sich damit nur mittelstark. Sie sind mehr als nur zufällig interessiert, jedoch mangelt es ihnen oftmals an Entschlußkraft oder an Konzentrationsfähigkeit, um dabeizubleiben.

Dann gibt es einige Menschen, die nur ein unbestimmtes Interesse daran haben. Ihr Engagement ist schwach, und die erzielten Ergebnisse sind entsprechend.

Ein engagierter Mensch sollte versuchen, die beste Anleitung zu erhalten und sich dann diesem Programm ernsthaft widmen. Ein Mensch, dessen Engagement nur mäßig ist, sollte regelmäßig meditieren, ein geordnetes Leben führen und um innere Führung beten. Leicht interessierte Menschen können täglich für persönlichen Nutzen meditieren, ein annehmbares, an den Naturgesetzen orientiertes Leben führen und der Gesellschaft mit aufrichtiger Arbeit dienen. Selbst ein bißchen Mühe wird Erfolg bringen, und der Betreffende wird sich in Einklang mit den natürlichen Gesetzen entfalten, auch wenn sein Engagement nicht stark ist.

Alle Menschen, ungeachtet ihrer gegenwärtigen Verständnisebene oder ihres Maßes an bewußtem Engagement auf dem Erleuchtungspfad, können Nutzen daraus ziehen, die Wahrnehmung der Gegenwart Gottes nach besten persönlichen Fähigkeiten zu üben. Dies wird eine Belebung der Seelennatur und eine sicherere Beziehung zur Welt zur Folge haben. Es wird sich auch als der beste Schutz vor den vielen Versuchungen erweisen, denen wir auf dem Weg begegnen können.

Es ist nicht schwierig zu üben, die Gegenwart Gottes wahrzunehmen. Laß Deine Gedanken sich nur mehr und mehr Gott zuwenden, so wie Du gegenwärtig das Wesen Gottes verstehst, und öffne Dich der Möglichkeit, der Gegenwart Gottes mehr und mehr gewahr zu sein. Alles andere wird auf natürliche Weise folgen.

Vielleicht hast Du von der einen oder anderen spirituell kompetenten Persönlichkeit solche extremen Äußerungen gehört wie: „Der Weg zu Freiheit der Seele ist ein pfadloser Pfad“, oder: „Keiner kann Dir den Weg zeigen, Du mußt ihn selbst finden.“ Es stimmt zwar, daß der Weg oft persönlich ist und daß er von uns Mut und Wachheit erfordert, es stimmt aber nicht, daß er uns nicht gezeigt werden kann. Die Jahrhunderte hindurch haben viele Erleuchtete den Weg durch Worte und durch persönliches Beispiel aufgezeigt. Einige Lehrer legen richtigerweise nahe, daß wir vorsichtig sein sollten, einem System nicht so sehr verhaftet zu werden, daß wir vergessen, daß der Zweck eines solchen nützlichen Systems oder einer Verfahrensweise darin liegt, uns zum Erfahren von Freiheit zu befähigen.

Bewährte Verfahrensweisen zurückzuweisen wird uns nicht erleuchten, und die Ermahnungen der Seher nicht zu beachten wird uns nicht weise machen. Ein weiser Mensch wird jedes verfügbare Hilfsmittel auf dem Pfad benutzen und wird den Lehren der Meister Beachtung schenken, jenen Menschen, die vollkommen erwacht sind und deren hauptsächlichster Zweck für ihre fortgesetzte Anwesenheit auf dem Planeten darin besteht, uns zu ermutigen, den richtigen Weg einzuschlagen.

Psychologische Reife und ein entwickeltes Moralgefühl sollten spirituelles Erwachen begleiten. Welchen praktischen Wert hat Wissen sonst, wenn wir nicht entsprechend ausgestattet sind, es anzuwenden? Wissen im Besitz eines emotional unreifen oder eines egozentrischen Menschen kann von diesem unvernünftig angewandt werden, womit persönliche und soziale Probleme hervorgerufen würden. Das heißt nicht, daß wir kein Wissen erlangen und unsere Fähigkeiten nicht entfalten sollten. Im Gegenteil, dies sollten wir, während wir gleichzeitig alle edlen Eigenschaften pflegen. Auf diese Weise kommen unsere Erkenntnisse uns und der Welt zugute.

Das Gehirn und das Nervensystem sind dazu bestimmt, kosmisches Bewußtsein auszudrücken. Indem wir unseren Teil dazu tun, nämlich unsere spirituellen Übungen ausführen und für feinere überbewußte Frequenzen zunehmend empfänglich werden, vollzieht sich der letzte Schritt in der Entwicklung der körperlichen Form, und Gott wird durch den Menschen verherrlicht.

EMPFOHLENE LITERATUR

Folgende Bücher von Roy Eugene Davis in englischer Sprache sind vom VERLAG MARCO DEL NERO, Postfach 1471, D-6350 Bad Nauheim 1 zu beziehen:

Our Awakening World

Eine Erläuterung der Stufen kosmischer Manifestation, ein Überblick über Ayurveda, die Methode zu Wohlbefinden durch Harmonie mit den Zyklen der Natur und eine Anleitung zu spirituellen Verfahrensweisen

God Has Given Us Every Good Thing

Eine spirituelle Autobiographie

Studies in Truth

Untersuchungen metaphysischen Gedankengutes

Easy Guide to Meditation

Englische Ausgabe des vorliegenden Buches

Desweiteren ist in deutscher Sprache erhältlich:

Das Licht der Wahrheit

Ein vierteljährliches Magazin für inneres Wachstum und harmonisches Leben

Fordern Sie das aktuelle Verlagsprogramm an

WORTERKLÄRUNGEN

Die folgenden Definitionen von Worten und Begriffen sollen zu einem besseren Verständnis des Textes beitragen. Die aus dem Sanskrit aufgeführten Begriffe sind im allgemeinen Sprachgebrauch üblich geworden.

Ayurveda — Die Wissenschaft des Lebens. Es heißt, sie habe ihr Fundament im Leben selbst und sei deswegen ohne Anfang. Der Mythologie zufolge ging die Wissenschaft des Ayurveda von den Göttern auf die Menschen über. Auch von der chinesischen Medizin wird angenommen, daß sie von einem vorhergehenden goldenen Zeitalter weitergereicht wurde. In der Tat besteht zwischen ayurvedischen und chinesischen medizinischen Verfahrensweisen eine Ähnlichkeit. Bei beiden gehört zur Erstellung einer Diagnose eine vollständige Untersuchung des Patienten — seines Pulsschlags, seiner Temperatur, des Zustandes seiner Haut und seiner Augen, seiner psychologischen Verfassung und anderer Faktoren. Ayurveda macht Gebrauch von Diät, Kräutern, Wasserkuren, Massage, Schulung und Neuausrichtung innerer Einstellungen, Entgiftungsverfahren und anderen Methoden, um die Wiederherstellung und Harmonisierung des Körpers zu unterstützen. Eine berühmte, aus Indien stammende medizinische Abhandlung, die *Charaka Samhita,* wurde über viele Generationen durch mündliche Überlieferung erhalten, bevor sie dann später niedergeschrieben wurde. Indem dazu Sanskrit benutzt wurde, konnten sich die Ausübenden des Ayurveda entsprechende Schlüsselformulierungen einprägen und sich auf diese Weise sowohl die Kenntnis über ihre Wissenschaft erhalten, als diese auch qualifizierten Nachfolgern weitergeben. Im ersten Jahrhundert n.Chr. erstmals schriftlich festgehalten, führt die *Charaka Samhita* über fünfhundert Kräuterarten und deren medizinischen Anwendungsbereich auf. Das Wissen über aryurvedische Methoden kam aus Indien in die Mittelmeerländer und schließlich in den Westen. Die vielen Jahre britischer Kolonialherrschaft hatten zur Folge, daß die Anwendung ayurvedischer Praktiken abnahm und die westliche Medizin vorherrschend wurde. Jetzt gibt es in Indien jedoch wieder mehrere Schulen für Ayurveda, und wissenschaftliche Untersuchungsergebnisse werden dort dazu verwendet, um die Nützlichkeit der vielen verschiedenen ayurvedischen Praktiken zu belegen.

Bejahungen — Bejahungen sind bewußt gemachte Aussagen, die uns dabei helfen sollen, einen gewünschten Bewußtseinszustand zu erfahren. Idealerweise werden sie nicht zur Programmierung des Unterbewußtseins gebraucht, sondern um über ihren Inhalt zu kontemplieren und sie zu verwirklichen, so daß Gefühle, Stimmungen und Gewahrseinsebene den Inhalt der Bejahung widerspiegeln. Eine praktische Weise, eine Bejahung zu gebrauchen ist, sie laut auszusprechen, sie danach leise zu wiederholen, sie dann zu flüstern, danach die Wiederholungen mental fortzusetzen und sich schließlich in der inneren Erkenntnis der Bejahung aufzulösen. Der Einfluß der inneren Erkenntnis wird zu mentalen und körperlichen Ebenen durchsickern.

Bewußtsein — Es gibt zwei Arten von Bewußtsein. Einmal gibt es das Bewußtsein (Gewahrsein) von etwas. Zum anderen gibt es die Existenz des Bewußtseins selbst, das sich selbst als solches erkennt, ohne daß es dazu irgendein Objekt oder einen Spiegel benötigt, um sich selbst darin wahrzunehmen. Diese zweite Art wird oftmals reines Bewußtsein genannt. Reines Bewußtsein ist auch die Grundessenz, aus der alle Dinge hervorgehen.

Chakra — Ein Verteilerzentrum im Körper, durch welches Prana fließt. Die Hauptchakren oder „Räder" befinden sich an folgenden Stellen: Scheitelchakra, im oberen Teil des Gehirns; das spirituelle

Auge, welches der positive Pol der *Medulla Oblongata* ist, zwischen den Augenbrauen; das Halschakra, im Rückenmarkskanal auf der gegenüberliegenden Seite des Kehlkopfes; das Herzchakra, zwischen den Schulterblättern; das Lendenchakra (oder „Solar-plexus-Chakra"), in der Mitte des Rückens; das Kreuzbeinchakra, am Kreuz; das Wurzelchakra (oder Steißbeinchakra), am unteren Ende der Wirbelsäule. Prana fließt durch die Medulla in den Körper, zunächst in das Gehirn und dann den Rückenmarkskanal hinunter, um den Körper zu ernähren und innere Vorgänge zu lenken. Bei der Meditation benutzen wir das Zentrum des spirituellen Auges als Punkt, auf den wir unsere Aufmerksamkeit richten.

Gemüt — Das Organ der Wahrnehmung, das Informationen von den Sinnen empfängt und sie verarbeitet. Die Fähigkeit zu unterscheiden versetzt einen Menschen in die Lage, Gemütsinhalte zu analysieren und Feststellungen zu machen. Ein stark bedingtes Gemüt beschränkt und trübt das Unterscheidungsvermögen des Menschen, unterdrückt die Intuition und begrenzt sein Denken und Verhalten. Der Mensch auf dem Erleuchtungspfad bemüht sich um Selbstbestimmung, die von der Seelenebene stammt, anstatt von Zwängen beeinflußt zu werden, die durch mentale Programmierungen entstehen. Aus diesem Grund sollte sich derjenige, der sich für Bewußtseinsbefreiung interessiert, von Hypnose und anderen gemütsprogrammierenden Verfahrensweisen fernhalten. Das Gemüt, das wir benutzen, ist tatsächlich ein Teil des allgegenwärtigen kosmischen Gemüts. Deshalb können wir durch bildhafte Vorstellung Wirkungen in unserer Umgebung hervorrufen. Das Gemüt ist, wenn es mit Intelligenz benutzt wird, ein schöpferisches Werkzeug. Wenn wir es unweise anwenden, kann es uns zu weiterer Verstrickung führen.

Gnade — Der tragende Einfluß, der die Natur durchdringt; das Fließen des Lebens in Richtung geordneter Erfüllung vorbestimmter Zwecke. Da die Gnade der Schöpfung innewohnt, ist sie immer verfügbar und kann von uns erfahren werden, wenn wir ihr in ausreichendem Maße hingegeben und für sie empfänglich sind.

Gott — Das höchste Sein. Der beständige Aspekt Gottes ist reines Bewußtsein. Wenn wir an Gott denken, stellen wir uns gewöhnlicherweise Gott mit Eigenschaften und Fähigkeiten vor. Der Mensch hat Gott viele Namen gegeben; solange wir uns Gott zuwenden, werden wir zu ihm gezogen, ungeachtet des ihm gegebenen Namens.

Guru (spiritueller Lehrer) — Wörtlich: Das Licht, das die Dunkelheit vertreibt. Der Guru wird als Gott selbst angesehen, der sich als Mensch ausdrückt, um Schülern auf dem Weg zur Befreiung des Bewußtseins zu helfen. Damit ein Schüler auf dem spirituellen Pfad in seinen Bemühungen Erfolg hat, muß er seinen Guru erfreuen, das heißt, er muß sich an die Lehren des Gurus halten. Wenn sich der Schüler den Lehren des Gurus widersetzt, wenn er unreif und eigensinnig ist, ist er für höhere Unterweisung und die Möglichkeit, das Ich-Bewußtsein zu transzendieren, nicht offen. Die Funktion des Gurus besteht darin, dem Schüler den Weg zu Freiheit in Gott zu zeigen. Damit dies möglich ist, muß der Schüler bereit sein, sich von allem zu befreien, das im Gegensatz zu innerer Erkenntnis des wahren Selbst steht. Guruseva, das heißt dem Guru zu dienen, wird damit gleichgesetzt, Gott zu dienen. Indem sich der Schüler auf das Bewußtsein des Gurus einstellt, stellt er sich auf Gott ein. Indem er das wahre Wesen des Gurus versteht, versteht er das wahre Wesen Gottes.

Innere Umwandlung — Positive Veränderungen, die sich als Folge von Selbstdisziplin, Lernen durch Erfahrung und der Aktivität überbewußter Einflüsse (wenn diese zum Ausdruck kommen) einstellen.

Kundalini — Schlummernde statische Kraft, die in der Natur und im Körper des Menschen ruht. Erwacht sie in der Natur, beginnen sich auf dem Planeten Lebensformen zu bilden. Erwacht sie im Menschen, beginnen sich Seeleneigenschaften zu entfalten. Im Durchschnittsmenschen schläft diese Kraft größtenteils, und der betreffende Mensch hält sich selbst für einen physischen Körper. Wenn die Kundalini-Kraft erwacht und den Pfad der Chakren aufzusteigen beginnt, enthüllen sich die Fähigkeiten der Unterscheidung, die Intuition erwacht, und die innewohnende Kreativität entfaltet sich.

Meditation — Dies ist der einfache Vorgang, den Körper zu entspannen und zuzulassen, daß sich der mentale Bereich klärt. Meditation hat nichts mit mentaler Manipulation oder hypnotischen Praktiken zu tun. Meditation ist keine passive Erfahrung, sie ist ein bewußter schöpferischer Vorgang. Die Yoga Sutren des Patanjali bleiben die verläßlichste Anleitung zur Ausübung von Meditation. Seine Erläuterungen werden manchmal „acht-stufig" genannt, weil acht Stufen erklärt werden. Diese sind: Yama, die Einschränkungen; Niyama, die Regeln; Asana, die richtige Meditationshaltung; Pranayama, die Regulierung der Lebenskräfte im Körper; Pratyahara, das Nachinnenwenden; Dharana, die Konzentration; Dhyana, die Kontemplation; Samadhi, das klare Gewahrsein als Gipfelerfahrung.

Prana — Ein Wort aus dem Sanskrit, welches „Lebenskraft" bedeutet. Prana durchdringt die gesamte Natur und belebt sie. Es durchdringt den Körper und belebt alle Körpersysteme. Wenn die Lebenskraft im Körper infolge von tiefer Entspannung ausgeglichen ist, herrschen emotionaler Friede und mentale Ruhe vor und ermöglichen, daß wir uns konzentrieren und leicht meditieren können. Pranayama ist einfach die Regulierung der Lebenskraft im Körper, die gewöhnlich durch die Anwendung bestimmter, leicht auszuführender Atemübungen erreicht wird. Pranayama geht auf natürliche Weise vonstatten, wenn die Aufmerksamkeit während der Meditation verinnerlicht ist.

Samadhi — Ein Wort aus dem Sanskrit, das den überbewußten Zustand bezeichnet, den wir erfahren, wenn Gedankenströme abklingen. Anfängliche Samadhi-Zustände geben uns den Beweis der Wirksamkeit der Meditation. Tiefere und längere Samadhi-Zustände tragen zu innerer Umwandlung und Erkenntnis des wahren inneren Selbst bei.

Seele — Eine individualisierte Einheit des Geistes, die sich mit Gemüt und Körper identifiziert. Es ist richtig zu behaupten: „Ich bin eine Seele, die sich eines Gemütes und eines Körpers bedient." Fehler in der Wahrnehmung, die zu Mißverstehen führen, lassen einen Menschen glauben: „Ich bin ein Mensch mit einer Seele."

Siddhis — Kräfte der Vollkommenheit; die Fähigkeiten, die sich entwickeln, wenn innere Begrenzungen beseitigt werden. Der dritte Teil der Yoga Sutren bespricht das Thema der Siddhis ziemlich ausführlich. Einige dieser Kräfte sind: Die Fähigkeit, so klein wie ein Atom oder so groß wie das Universum zu sein, schwerelos zu sein, die Fähigkeit, räumlich entfernte Geschehnisse durch inneren Blick sehen zu können, die Fähigkeit, alle sich vorgenommenen Ziele zu erreichen und unüberwindlich zu sein.

Spirituelles Auge — Das „dritte Auge" oder „Auge der Intuition"; der Punkt zwischen den Augenbrauen, auf den wir während der Meditation unsere Aufmerksamkeit richten. Das Licht des spirituellen Auges, das während tiefer Meditation gesehen werden kann, ist das reflektierte Licht von der *Medulla Oblongata*, durch welche die Seelenkraft in den Körper strömt. Die in den Körper fließende Seelenkraft bewirkt, daß sich die Seele als Körper fühlt. Wenn während der Meditation die Aufmerksamkeit zurückgeleitet wird (von außen nach innen) und die Lebenskräfte an der Medulla zusammenfließen, kann das innere Licht gesehen werden.

Streßabbau — Der Prozeß, der vonstatten geht, wenn wir richtig meditieren oder uns mit irgendeiner anderen Verfahrensweise befassen, die dafür bestimmt ist, den Körper zu entspannen und Gemüt und Gefühle zu beruhigen. Eine Ansammlung von Streß beeinträchtigt unsere normale Funktionstüchtigkeit und resultiert oftmals in psychologischen Problemen und körperlichen Krankheiten. Richtig und regelmäßig ausgeübte Meditation ist eine bewährte Methode, um Streß abzubauen.

Yoga — Verbinden oder Zusammenbringen (aufeinander abstimmen) aller Aspekte des Körpers, des Gemüts und der Persönlichkeit, so daß innere Erkenntnis des wahren Selbst erfahren werden kann. Verschiedene Yoga-Systeme sind das Hatha-Yoga oder „Sonne-Mond"-Yoga, das Körperhaltungen (Asanas), Verfahrensweisen zur Regulierung der Lebenskraft (Mudras) und Pranayama beinhaltet; Bhakti-Yoga, der Weg der Liebe und Verehrung; Karma-Yoga, der Weg selbstlosen Dienens; Jnana-Yoga, der Weg des Unterscheidens; und Raja-Yoga, der Weg der Meditation und Kontemplation. Der grundlegende Text über Raja-Yoga sind die *Yoga Sutren des Patanjali.* Laya-Yoga (Gebrauch des Tones), Kundalini-Yoga (um die ursprüngliche Kraft im Körper zu erwecken und weiter mit ihr zu arbeiten) und Kriya-Yoga sind dabei nur eine Frage der Gewichtung.